Arnaud Goumand

STILLE ÖRTCHEN

Eine Kulturgeschichte der Toiletten

Aus dem Französischen von Dagmar Brenneisen

KOSMOS

Wer hätte gedacht, dass das Thema Toiletten so ungemein vielfältig ist und uns bis in ferne Gefilde führt …?

Auf der Suche nach einem WC mit Aussicht reisen wir um den Globus, wir lauschen verblüffenden Erzählungen und staunen vor jeder Tür, die sich vor uns auftut. Wir hinterfragen eigene Gewohnheiten, ergründen kulturelle Unterschiede und erkennen: Bei diesem Thema, über das wir mit Leichtigkeit und Humor plaudern, geht es auch um überlebenswichtige Fragen, die sowohl Erfinder als auch Politiker vor gewaltige Herausforderungen stellen.

Die Welt der Toiletten ist in der Tat spannend. Sie hält große und kleine Geschichten für uns bereit, die bis in den Weltraum führen. Wer im Anschluss an die spannende Reise durch diese Welt das dringende Bedürfnis hat, seine Erfahrungen mit anderen zu teilen, lässt einfach dieses Buch auf dem Couchtisch liegen. Alles Weitere geschieht von selbst: Zuerst sind die Freunde überrascht oder erstaunt, vielleicht kichern sie etwas verlegen, aber dann werden auch sie sich für das Thema begeistern. Eines ist sicher: Der Gang zum stillen Örtchen ist nach dieser Lektüre nie wieder derselbe.

▶
Lauschiges Plätzchen im privaten Wildreservat Tswalu Kalahari Game Reserve, Südafrika.

INHALT

382 km.

DICHT AN DICHT

Wer in aller Welt hat die Gemeinschaftstoilette erfunden? Und aus welcher Epoche stammt diese seltsame Idee? Über Adams und Evas Intimleben wissen wir nicht genug und abgesehen davon, waren sie nur zu zweit. Die nähere Beschäftigung mit *Homo Sapiens* und dem Alltag unserer Urahnen lässt uns vermuten, dass sie die „freie Natur" als stilles Örtchen bevorzugten. Erst als sich die Menschen in Gruppen zusammenfanden, sesshaft wurden und Städte errichteten, finden wir Nachweise für gemeinschaftliche innerstädtische Toilettenanlagen. Das Gefühl der Scham spielte damals keine Rolle.

▲
Die Latrinen in den Badeanstalten von Ephesos in der Türkei (1. Jahrhundert n. Chr.), mit immerhin 36 Sitzplätzen, zählen zu den ältesten uns bekannten Gemeinschaftstoiletten.

ERLEICHTERUNG
IN GESELLIGER RUNDE

Die alten Römer waren die ersten, die den städtische Latrinen große Bedeutung beimaßen. Wenn wir zu den Ursprüngen der modernen Zivilisation zurückkehren, finden wir Hinweise darauf, dass sich die Römer für Hygiene und entsprechende Einrichtungen interessierten. Und wir erfahren, dass sie ihre Notdurft in Geselligkeit verrichteten.

Dem Römischen Reich verdanken wir aufschlussreiche Erkenntnisse aufgrund der komplexen Sanitäranlagen, die dort ab dem 1. Jahrhundert v. Chr. errichtet wurden, sowie vieler archäologischer Funde, etwa in Ostia und Ephesus, die uns den Alltag in den *latrinae* veranschaulichen. Körperpflege und Gesundheit besaßen einen so hohen Stellenwert, dass man sogar eine Göttin, Hygieia, mit den Themen Sauberkeit und körperlichem Wohlbefinden betraute. Allerdings hatte Hygieia nicht immer Erfolg, denn die Thermen, in denen man sich täglich waschen konnte, waren ungeheure Keimschleudern. Die öffentlichen Bäder, von Kaisern oder reichen Patriziern erbaut, standen gegen eine geringe Gebühr der ganzen Bevölkerung offen, der Besuch der Kaiserthermen war sogar kostenlos. An diesen Orten sozialer Durchmischung verblassten Klassenunterschiede und Anstandsregeln, während man bei der Notdurftverrichtung ein Schwätzchen hielt. Es waren Orte der Geselligkeit, an denen nur nach Geschlechtern getrennt wurde. Der Vormittag war in der Regel den Frauen, der Nachmittag den Männern vorbehalten. Alles war kollektiv – von den Umkleidesälen über die Bäder, Heiß- bzw. Feuchträume bis hin zu den Latrinen, die es natürlich ebenfalls gab und die man ohne übertriebene Scham aufsuchte. Den Graffiti am Eingang zu den Latrinen auf dem Palatin in Rom nach zu urteilen, musste man dort manchmal geduldig Schlange stehen.

Die Latrinen boten innen Platz für bis zu achtzig „Notdürftige" und waren alle nach ungefähr dem gleichen Modell konstruiert: Es gab eine kollektive Sitzbank aus Holz, Stein oder Marmor, die mit schlüssellochförmigen Öffnungen versehen war und über einen gemauerten Wassergraben ragte. Dieser war an die städtische Kanalisation angeschlossen. Zu den Füßen der Benutzer strömte Wasser durch eine Bodenrinne, in der man, so vermuten Archäologen, das berühmte *xylospongium* reinigte – einen Schwamm, der an einem Stock befestigt war. Diese Latrinenbauform existiert überall im Römischen Reich, auch in Militärlagern, dort aber manchmal als vereinfachte Version.

Verschwanden die kollektiven Latrinen mit dem Untergang des Römischen Reichs und dem unaufhaltsamen Aufschwung des Individualismus? Mitnichten, wie wir an den beiden folgenden Beispielen sehen. Noch mehrere Jahrhunderte lang und über alle Kontinente hinweg erleichterte sich der Mensch ohne Scham in der Gemeinschaft. Bevor wir die Welt der kollektiv(istisch)en Bedürfnisanstalten verlassen, sei jedoch kurz auf chinesische Toiletten verwiesen. Zwar rief Präsident Xi Jinping im Jahr 2015 die „Toilettenrevolution" aus, doch noch immer macht das große Land wegen seiner kollektiven öffentlichen Kloanlagen von sich reden, die ohne Weiteres mit den römischen oder mittelalterlichen Latrinen konkurrieren. Tatsächlich ähneln sie dem „Großen Haus der Erleichterung" (*Great House of Easement*), das der mächtige König von England, Heinrich VIII., um 1530 im Hampton Court Palace, am Ufer der Themse, für seine Gäste und Bedienstete errichten ließ: eine kollektive Latrine für ingesamt 28 Personen, ohne Mauern oder Trennwände, genauso wie man sie im heutigen China noch antreffen kann.

EINE GÖTTIN FÜR DIE TOILETTE

Gab es Crepitus, den römischen Gott der Blähungen, oder Stercorius, den Gott der Erleichterung? Mangels zuverlässiger und übereinstimmender Quellen zu ihrer tatsächlichen Existenz stellen wir uns lieber unter den Schutz von Hygieia, der griechischen Göttin der Hygiene und Gesundheitsvorsorge. Als Tochter des Asklepios, Gott der Heilkunst, und der Nymphe Epione gehörte Hygieia einer großen Heilerfamilie an, zu erkennen an der Schale in ihrer Hand, aus der eine Schlange trinkt. Das Emblem unserer heutigen Apotheken wird dem aufmerksamen Beobachter nicht entgehen! Die Römer verehrten sie unter ihrem griechischen oder romanisierten Namen, Salus, und errichteten ihr einen Tempel auf dem Quirinal in Rom. Die Göttin kümmerte sich um alles, was Latrinen und Thermen betraf. Hier als Marmorstatue dargestellt, Eremitage in Sankt Petersburg.

▲
Cacator cave malum
(Der du hier kackst, hüte dich vor dem Übel), so die mahnenden Worte auf dieser Freske. Hier rügt die Göttin Fortuna einen Mann, der gerade seine Notdurft verrichten will; Pompeji.

▲
In den Latrinen von Housesteads, einem Römerkastell am Hadrianswall in England, blieben Kanalisation und Abwassersystem erhalten.

Zeichnung einer römischen Kollektivlatrine mit den einzelnen Elementen: Sitzbank mit Löchern; Rinne mit fließendem Wasser zum Abspülen des *Xylospongium*; Becken mit sauberem Wasser zum Händewaschen.

Nahaufnahme einer Sitzbank, deren Öffnungen an Schlüssellöcher erinnern. Das System war wohldurchdacht, damit das *Xylospongium* hindurchpasste.

JEDEN IM BLICK:
LATRINENGANG IM KLOSTER

Später übernahmen Institutionen, die sich der Gemeinschaft verschrieben hatten, das antike Modell der Kollektivlatrinen. Die klösterlichen Toilettenanlagen im Mittelalter und zu Beginn der Renaissance boten keinerlei Intimität. Hier stand jeder Einzelne unter Aufsicht und Kontrolle – durch die Augen des Kollektivs.

Entgegen der allgemeinen Vorstellung verschwanden die öffentlichen Badehäuser im Mittelalter nicht. In den Großstädten gab es Badestuben, in Paris *étuves* genannt, in denen sich jeder, der wollte, waschen konnte (je früher am Morgen, desto sauberer das Wasser!) und sich Massagen gönnte – und gelegentlich mehr, falls man einander zugeneigt war. Kollektive Latrinen hingegen gab es viel zu wenig, außer in gemeinschaftlich orientierten Institutionen, und diese waren zahlreich, denn die religiösen Orden breiteten sich überall in der westlichen Welt aus. In Frauen- und Männerklöstern war die Stille oberstes Gebot und die Latrinen waren, anders als bei den Römern, kein Ort der Geselligkeit. Trotzdem blieben sie in der Regel kollektiv, wohl aus Kostengründen, möglicherweise aber auch, weil man einander beim Toilettengang in der Gruppe beäugen konnte. Man kümmerte sich um sein eigenes Geschäft und kontrollierte sich gegenseitig, so wie im *Dormitorium* auch. Ein exzellentes Beispiel für die Form eines solchen Latrinenbaus lässt sich in der Zisterzienserabtei Royaumont anschauen. Hier blieb ein großes Gebäude erhalten, das teilweise diesem Zweck diente. Der gewaltige, 32 Meter lange Abtrittsraum im Obergeschoss grenzt, verständlicherweise, unmittelbar an den Schlaftrakt und befindet sich, genauso verständlich, dem Kirchenbau genau entgegengesetzt. Über der gemauerten Bogenkonstruktion sind Bretter mit Löchern angebracht, unter denen ein Kanal strömt, der einst vom Fluss abgeleitet wurde.

▲
Das Latrinenhaus der Abtei Royaumont in Frankreich, das auf seiner gesamten Länge von einem Kanal durchzogen wird, zeugt von der hydraulischen Fachkenntnis und dem Hygienebewusstsein der Zisterzienser im Mittelalter.

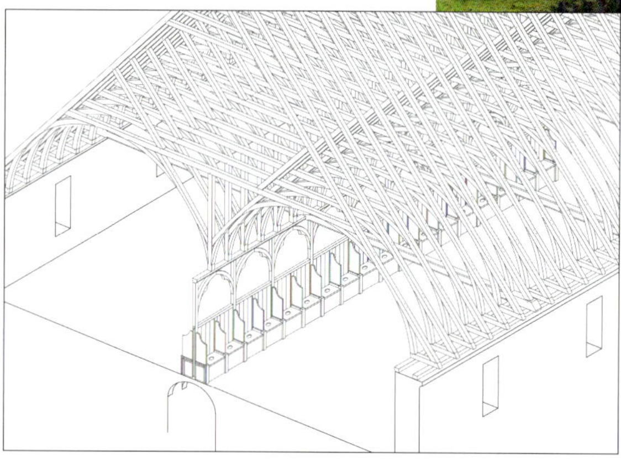

▶
Zentrale Latrine mit 36 Abtritten im ersten Stock, auf gleicher Ebene mit dem Schlafsaal der Mönche, 13. Jahrhundert.

Von Mauerbögen gestütztes Latrinen-Stockwerk der Abtei Royaumont mit darunter fließendem Abwasserkanal.
▼

▲
Erziehung zur Hygiene: Szene aus dem Alltag einer französischen Vorschule (École maternelle) in den 1960er-Jahren.

IN DER SCHULE
REISST MAN SICH ZUSAMMEN

Unter kollektiven Einrichtungen gilt die Schule als der Ort, an dem die Toilettenfrage besonders dringlich ist – ein ernstzunehmendes Thema seit Jahrhunderten.

Die französischen Oberschulen und Universitäten unterstanden im Mittelalter meist der Kirche und die schulischen Latrinen unterschieden sich kaum von den klösterlichen ... wenn es überhaupt welche gab. Wie wir wissen, verfügten nicht alle Schlafsäle in den Internaten über Aborte und die jungen Bewohner nutzten individuelle Nachttöpfe, die sie, wie die übrigen Stadtbewohner auch, über der Gasse auskippten. In Gerichtsprotokollen von Anfang des 18. Jahrhunderts liest man von Klagen verärgerter Nachbarn und besudelter Passanten sowie von Urteilen, in denen so manche Lehranstalt angehalten wurde, die Schlafsaalfenster fest zu verriegeln und die Schützlinge strenger zu überwachen. Im 19. Jahrhundert, unter dem Einfluss der Hygienisten, wies man in Frankreich dem Schulwesen eine Vorbildfunktion zu. Die Erziehung zur Reinlichkeit sollte in den Lehranstalten beginnen, um sich von dort auf die gesamte Gesellschaft auszubreiten – Hygieia hätte es nicht treffender formulieren können. Ein gewaltiges Unterfangen zu einer Zeit, in der die Tagesschulen oft gar keine Toiletten hatten! 1882 gab die „französische Kommission für Schulhygiene" endlich Empfehlungen heraus: Einhellig votierten die Mediziner für Schüsseln zum Sitzen anstelle von Stehklos. Die Pädagogen wiederum plädierten für niedrige, unverschließbare Kabinentüren. So konnte der Lehrer, auf dem Podest stehend und vornüber gebeugt, seine Schülerschaft – auf Köpfe und Füße reduziert – im Auge behalten. Mit dieser flächendeckend eingeführten Methode verhinderte man, dass dieser Rückzugsort die jungen Seelen zu „lasterhaften Gepflogenheiten" verleitete und zum Unterrichtschwänzen einlud. Es musste nur noch die Kloschüssel in perfekter Form und Proportion entworfen und an alle Schulen der französischen Republik verteilt werden. Gesagt, getan! Von da an gingen die jungen „Notdürftigen" nicht mehr in die Hocke, sondern waren genötigt, sich hinzusetzen. Mehr als hundert Jahre später berichtet eine aktuelle Studie, dass über achtzig Prozent der französischen Schülerinnen und Schüler ihre Bedürfnisse lieber zurückhalten, als die Schultoilette aufzusuchen. Eine frappierende Erkenntnis, die nach Fortschritt ruft!

◄
Bettchen und Töpfchen in einer Kinderkrippe in Amsterdam, 1932.

▶
Kaum dem Töpfchenalter entwachsen, müssen die Kleinen das Benutzen der Kloschüssel (ohne Klobrille!) erlernen; Brüssel, 1938.

RELIGIÖSE TOILETTENREGELN

Nicht nur Hygienekommissionen befassen sich mit solch wichtigen Themen. Hier erfahren wir, was der Islam in dieser Angelegenheit vorschreibt und welche Verhaltensweisen diese Religion beim Toilettengang für angemessen hält.

Zu erwähnen sind zunächst die beiden Waschungen: *Wuḍū',* die kleine Waschung, und *Ghusl,* die große. Sie sind Pflicht vor dem Gebet für alle Muslime. Die Hygieneregeln im Koran und in den Hadithen sind zahlreich und häufig sehr präzise, in ihrer Auslegung zumindest. Uriniert werden darf nur im Hocken oder Sitzen. Ausscheidungen dürfen nicht in Richtung der heiligen Stätten erfolgen – auch nicht mit dem Rücken zugewandt, was die Optionen weiter einschränkt. Die linke Hand wird zum Säubern genutzt. Beim Betreten und Verlassen der Toiletten werden Bittgebete gesprochen und das Reinigen des Allerwertesten „mit einer ungeraden Anzahl von Gegenständen“, vermutlich Kieselsteinen, wird empfohlen.

Schamhaftigkeit ist ein zentrales Gebot im Islam. Aus diesem Grund sind die Gläubigen sehr bemüht, sich selbst in Gemeinschaftsräumen vor fremden Blicken zu verbergen. Des Weiteren ziemt es sich nicht, einen anderen zu grüßen, während dieser gerade seine Notdurft verrichtet. Diese Vorschriften finden allesamt auch Ausdruck in der Architektur. Kollektive Latrinen und Bäder befinden sich in der Umgebung von Moscheen. Bei den Latrinen bemüht man sich allerdings, den kollektiven Charakter etwas abzuschwächen, und baut Kabinen, die zumindest durch Trennwände abgeteilt sind. Die Wahrung der Intimsphäre als expliziter Bestandteil religiöser Handlungen spielt im Islam eine große Rolle, was man bei den meisten Ausgrabungsstätten bestätigt findet, ob im muslimischen Spanien, in der Türkei und anderswo.

▶ Latrinenanlage mit separaten Kabinen, so wie es die Religion vorschreibt, in der Burg Pisirici Kasteli ve Mescidi in Gaziantep, Türkei.

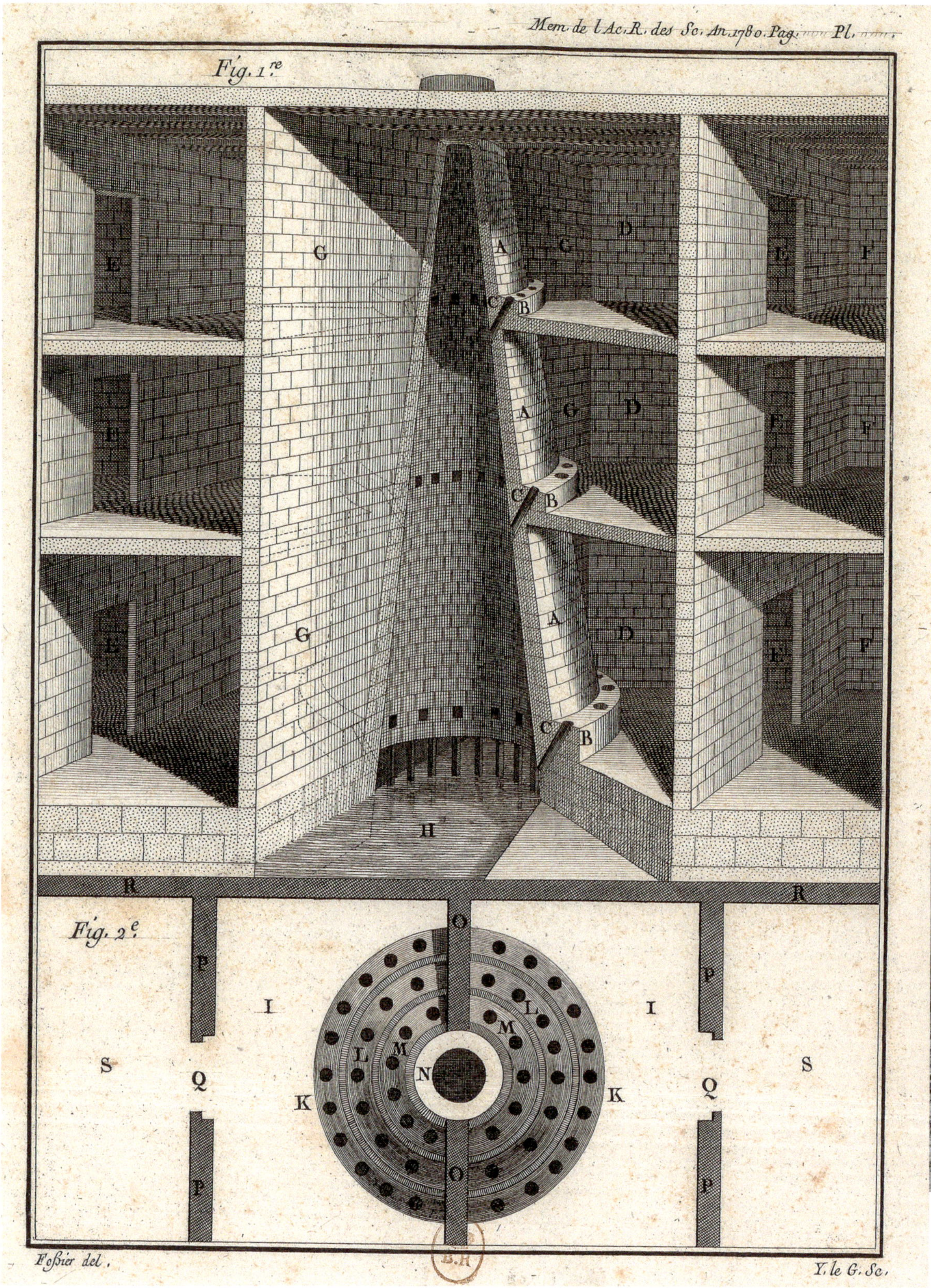

▲
Latrinen in der Haftanstalt des *Hôpital de la Salpêtrière,* einer psychiatrischen Klinik in Paris; perspektivischer Querschnitt und Draufsicht, 1780.

NULL INTIMSPHÄRE

Alle Gemeinschaften, in denen viele Menschen freiwillig oder notgedrungen zusammenleben, haben ihre Toiletten. Manche Einrichtungen sind um die Wahrung der Intimsphäre bemüht, andere weniger. Dies sagt einiges über die kulturellen Gewohnheiten einer Epoche aus, über praktische Zwänge … und vielleicht über einen gewissen Hang zur Erniedrigung.

Letzteres trifft auf das ein oder andere Gefängnis zu. Ein spektakuläres Beispiel dafür ist die Zwangsanstalt der psychiatrischen Klinik Salpêtrière in Paris, wo die kreisförmig auf jeder Etage angeordneten Latrinen eine Art Pyramide bilden, wie im abgebildeten Querschnitt eindrucksvoll zu erkennen ist.

▲
Trommellatrinen auf Ölfässern, die täglich mit Diesel ausgebrannt wurden (US Army im Pazifik, Zweiter Weltkrieg).

Ein grauenvoller Anblick sind die langen Reihen mit Hunderten von Latrinen in den Baracken des Konzentrations- und Vernichtungslagers Auschwitz-Birkenau oder auch die eng nebeneinander stehenden Kloschüsseln in einer US-amerikanischen Militärbasis im Südpazifik während des Zweiten Weltkriegs. Solche Bedürfnisanstalten überdauerten die Jahrhunderte und haben alle eines gemeinsam: Das absolute Fehlen von Intimsphäre. Manchmal sind es außergewöhnliche Umstände, welche die notdürftige Errichtung kollektiver Sanitäranlagen erzwingen, wie in den Schützengräben im Ersten Weltkrieg. Den Männern stand manchmal nur eine Furche im Erdreich zur Verfügung – eine Abortgrube, die, so wie sie sich füllte, einfach immer weiter verlängert wurde, und die man regelmäßig mit Chlorkalk überstreute.

▲
KZ Auschwitz-Birkenau: Wasserklosetts in Block 2; im Originalzustand erhalten und ausgestellt.

Gemeinschaftstoilette einer US-Militärbasis im Zweiten Weltkrieg, um 1943.
▼

▲
Ein Augenblick der Ruhe, um Zeitung zu lesen. Soldaten der US-amerikanischen Expeditionsstreitkräfte beim Latrinengang, Erster Weltkrieg.

▲
Gemeinschaftslatrinen auf einer Militärbasis im Zweiten Weltkrieg, Italien.

▲
Keinerlei Intimsphäre im KZ Auschwitz-Birkenau: Mit dieser Methode nahm man den Gefangenen jede Würde.

DRINGENDES GESCHÄFT IN DER STADT

Wer früher in der Stadt sein Geschäft sittsam erledigen wollte, stand vor einem großen Problem, gegen das man erst im 19. Jahrhundert ernsthaft Abhilfe schaffte. Seither prägen öffentliche Pissoirs, Klohäuschen und Sanitäranlagen unser Stadtbild, die je nach Epoche oder Land eher diskret oder gewagt ausfallen. Rückblick auf eintausend Jahre Sanitärgeschichte in den Großstadtstraßen.

NACH DEM MOTTO: „ALLES AUF DIE GASSE“

Öffentliche Bedürfnisanstalten, die Nachfolger der Gemeinschaftslatrinen, blieben eintausend Jahre lang in den Städten eine Seltenheit. Doch es gibt Berichte über erste erfolgreiche Versuche im Kampf gegen Fäkalienfluten, die sich ab dem Mittelalter über städtische Straßen ergossen.

Bekanntlich gab es, so wie in der Antike, auch in mittelalterlichen Badehäusern Gemeinschaftslatrinen, ihre Zahl war allerdings begrenzt. Auf der Straße waren öffentliche Toiletten weiterhin selten und eher die Ausnahme. Gerade aus diesem Grund blieb das Whittington‘s Longhouse, das der Lord Mayor von London seinen Stadtbürgern 1421 stiftete, in den Erinnerungen und Archiven erhalten. Diese übergroße Gemeinschaftstoilette verfügte über sage und schreibe 128 „Sitzplätze“ (gewiss nur Löcher), die sich gerecht auf Damen und Herren verteilten. Sie lag am Ufer der Themse, deren Wasser zweimal täglich bei Flut die unsauberen Hinterlassenschaften wegspülte. Die populäre Latrine wurde beim Großen Brand von 1666 zerstört und ging als innovative und außergewöhnliche Bedürfnisanstalt in die Geschichte der Stadt ein.

Solche Initiativen sah man im Spätmittelalter und in den nachfolgenden Jahrhunderten nur selten und die Leute in den Städten waren an mangelnde Hygiene und Unrat gewohnt. Nachttöpfe wurden einfach aus den Fenstern entleert und Passanten verrichteten ihre Notdurft dort, wo sie das dringende Bedürfnis gerade überwältigte. Es soll in den meisten Städten schmale Sackgassen gegeben haben, die aufs dringende Geschäft „spezialisiert“ waren und in denen sich alle Bewohner eines Viertels hinkauerten. Manche Straßennamen weisen offensichtlich heute noch darauf hin, wie in Frankreich die *Rue Basse-Fesse* oder die *Ruelle des Aisances* (wörtlich übersetzt: „Gesäß-runter-Straße“ und „Gasse der Erleichterung“). Um so eine Gasse zu finden, ging man einfach nur der Nase nach. „Alles auf die Gasse“ lautete bis ins 19. Jahrhundert die unumstrittene Devise.

GELD STINKT NICHT

Wenn man in Frankreich über die öffentlichen Toiletten spricht, kommt man unweigerlich auf die Vespasienne, wie das Pissoir in Paris genannt wird. Der römische Vespasian aus dem 1. Jahrhundert ist zwar der Namensgeber, aber mehr auch nicht. Vespasian ist nicht der Erfinder der öffentlichen Latrinen in Rom (die es in der Regel nur in den Badeanstalten gab) und schon gar nicht der französischen Pissoirs. Er galt indes als großer Steuerreformer und erhob eine Steuer auf Urin, der in Amphoren entlang der Straße gesammelt und an Färber und Tuchwalker verkauft wurde, die ihn gut verwenden konnten. Als der Sohn des Kaisers sich über diese anrüchige Steuer beklagte, entgegnete ihm Vespasian der Legende nach: „Pecunia non olet“ („Geld stinkt nicht“). Die Verwendung seines Namens für die Pariser Pissoirs geht auf den Präfekten Rambuteau zurück, der es leid war, dass man seinen Familiennamen mit den von ihm in Paris errichteten Pissoir-Säulen spöttisch in Verbindung brachte, weshalb er diese Lorbeeren lieber dem früheren römischen Kaiser vermachte. So wurden aus den „colonnes Rambuteau“ (Rambuteau-Säulen) die „Vespasianischen Säulen“, kurz Vespasiennes.

▶

Der pissende Mann, Radierung von Rembrandt, 1631;
Petit Palais, Musée des Beaux-Arts de la Ville de Paris.

▲
Die letzte Vespasienne in Paris (Boulevard Arago, 13. Arrondissement); sie untersteht als einziges Pissoir der städtischen Denkmalbehörde und wird nur noch von ein paar Taxifahrern aufgesucht.

DIE ZEIT DER
PISSOIRS MIT STIL

Das prüde 19. Jahrhundert, das geprägt war von der hygienistischen Bewegung, setzte der Verwahrlosung der Straßen in manchen europäischen Großstädten ein Ende. Verfolgen wir anhand von Jahreszahlen und innovativen Designs die Entwicklung und Fortschritte öffentlicher Toilettenanlagen. Es war die Zeit der Vespasiennes, Achteck-Cafés und „Lavatories".

Einige Großstädte stellten Mitte des 18. Jahrhunderts spezielle Notdurftfässer für Herren bereit. Sogar über mobile „Schubkarren-Klobrillen" mit Sichtschutz wurde nachgedacht, was einige sicher begrüßt hätten. Erste Beispiele für richtige öffentliche Toiletten gab es in Paris. Kurz vor der Französischen Revolution ließ der Herzog von Orléans in den Gärten des Palais-Royal, dem berühmt-berüchtigten Unzuchtsort der Pariser (dort gab es schon Präservative und einen begehrten kleinen Prostituiertenratgeber zu kaufen) zwölf Notdurftkabinen errichten, zum Preis von zwei Sous pro Sitzung, Papier inklusive.

Damit solche Initiativen eine echte Wirkung zeigten, wurde im nächsten Schritt die Zahl der öffentlichen Bedürfnisanstalten massiv erhöht. Viele Berichte und Satiren aus dem ersten Drittel des 19. Jahrhunderts stellten die Liederlichkeit der männlichen Bevölkerung, die schmutzigen Straßen und inkompetenten Behörden an den Pranger. Der Philosoph Victor Considerant etwa bezeichnete 1845 die französische Hauptstadt als „riesige Verwesungsstätte". In den 1830er- und 1840er-Jahren wurden immer mehr öffentliche Toiletten gebaut, vor allem in Paris, das in Europa zum Vorreiter wurde. Der Pariser Polizeipräfekt Rambuteau erwirkte die Aufstellung der sogenannten Vespasiennes, Klosettsäulen mit Pissoir-Nischen und Theaterreklame an den Außenwänden, bis im Zweiten Kaiserreich die funktionale Trennung beschlossen wurde: Vespasiennes sollten dem Urinieren dienen und Litfaßsäulen dem Plakatieren. Endlich konnten auch die Damen nähertreten und das Theaterprogramm studieren, ohne sich Belästigungen oder gar dem Verdacht der Unschicklichkeit auszusetzen! Zeitgleich, oder zumindest fast, fand in London ein revolutionäres Ereignis statt. Für die Große Weltausstellung 1851 installierte George Jennings im Crystal Palace echte öffentliche Toiletten mit Wasserspülung. Über 800 000 Besucher nahmen das neue Angebot gegen Zahlung von einem Penny wahr. Bis heute ist „to spend a penny" umgangssprachlich eine euphemistische Umschreibung für das Urinieren.

In der zweiten Hälfte des 19. Jahrhunderts ging in den Hauptstädten mit der Entwicklung der Kanalisation der Ausbau öffentlicher Toiletten einher. 1878 entwarf Carl Theodor Rospatt in Berlin das legendäre „Café Achteck", wie man die gusseisernen „Tempel" mit jeweils sieben Pissoirs nannte, während der Fotograf Charles Marville in Paris die Vespasiennes und andere Notdurftstätten auf Zelluloid bannte. In den 1860er-Jahren stellte man endlich auch Überlegungen zu Sanitärräumen für das weibliche Geschlecht an, entwarf architektonische Neuerungen und rief ein neues nützliches Gewerbe ins Leben: das der „Klodame".

England machte den Anfang und verbannte die öffentlichen Klos und Pissoirs unter die Erde. Passanten sollte der Anblick der klobigen Bauten mitten auf dem Gehsteig erspart bleiben und den empfindlichen Nasen die unvermeidlichen Gerüche. Ob in den USA, in London, in Wien oder Paris nutzte man nun den urbanen Untergrund als geschützten Raum für sanitäre Anlagen: Unter dem Blumenmarkt auf der Place de la Madeleine entstand 1905 ein sanitäres Meisterwerk aus dem Hause Porcher – beeindruckende 160 Quadratmeter, verziert mit Fliesen, glasierten Ziegelsteinen, massivem Mahagoniholz und Kupferrohren. Außerdem bestückte man in Paris, so wie in London, einige Metrostationen mit Toiletten. In der ersten Hälfte des 20. Jahrhunderts wurden die ersten besonders störenden oder hässlichen Toilettenanlagen aus dem Straßenbild entfernt, was man nach dem Zweiten Weltkrieg – in dem, nebenbei bemerkt, die Mitglieder der Résistance-Bewegung die Vespasiennes als geheime Treffpunkte nutzten – verstärkt vorantrieb.

ORTE DER ERLEICHTERUNG, DER BEGEGNUNG, DER EMANZIPATION

Während in Frankreich bereits um 1800 die sogenannte Hygienistenbewegung zur Säuberung der Städte öffentliche Toiletten einforderte, fürchteten die Moralisten, dass dies die Ausbreitung „schwuler Unzucht“ begünstigen würde. Es kam zu vielen Verhaftungen durch die Polizei. Die wachsende Zahl an Toilettenbuden schuf für die homosexuelle Bevölkerung „einen privaten Raum im öffentlichen Raum“, schreibt Marc Martin in seinem dokumentarischen Bildband *Fenster zum Klo* (Originaltitel *Les Tasses*), das bewegende Erfahrungsberichte enthält. Das öffentliche Pissoir, in der Szene „Klappe“ (frz. „tasse“) genannt, war ein Ort für den flüchtigen Flirt, für die direkte, anonyme Befriedigung und für den Beginn einer Liebesbeziehung. Ein Ort der absoluten Verschwiegenheit und sozialen Durchmischung, an dem höchste Wachsamkeit geboten war.

▶ Café Achteck in Berlin.

◀ Die „Klofrau“, Hüterin der guten Sitten und der Sauberkeit; hier in Brüssel 2006.

Eine Vespasienne mit viel Reklame zu Beginn des Ersten Weltkriegs, Autochrom von Stéphane Passet für die Albert-Kahn-Sammlung, 1914.

Dreier-Urinal aus Schieferplatten (Avenue du Maine, Paris, um 1865).

▲
Eine von ingesamt dreißig Urinalsäulen, die um 1845 auf Initiative der Anwohner in der Rue du Faubourg Saint-Martin, Paris, errichtet wurde.

Bildtafel mit Vespasiennes in verschiedenen Modellausführungen; Auszug aus *Les Promenades de Paris* von A. Alphand, Zeichnungen von E. Hochereau, 1867–1873.

Unter der Stadt: öffentliches Männerklo beim Park Hampstead Heath, London, 1897.

Eingang zur „Lavatory Madeleine" in Paris, einer unterirdischen öffentlichen Toilettenanlage unter der Place de la Madeleine, 1905.

Sanisette, die moderne, selbstreinigende Unisex-Stadttoilettenversion, entstanden in den 1980er-Jahren.
▶

MODERNE
TOILETTENLOGISTIK

Verspasienne *versus* Sanisette. Der ewige Kampf zwischen Tradition und Moderne ist unerbittlich und macht auch vor der Welt der Toiletten nicht halt. Die gute alte Zeit hat ein Ende.

Nacheinander wurden die Pissoirs der Belle Époque und Gründerzeit abmontiert und verschrottet – heute stehen in Berlin noch etwa vierzig Achteck-Cafés, in Paris eine einzige Vespasienne. Den unterirdischen Toilettenanlagen, zu anrüchig und zu teuer in der Instandhaltung, drohte das Aus und die Zeit war gekommen für die nächste WC-Generation. In den 1980er-Jahren setzte sich in den Großstädten fast aller Industrieländer das öffentliche „selbstreinigende Sanitärystem" durch. In Frankreich waren dies die *Sanisettes*, eingetragene Marke von JCDecaux, in San Francisco (USA) die *Automatic Public Toilets* (ebenfalls von Decaux!), allerdings war und blieb die Instandhaltung dieser öffentlichen Toiletten eine teure Angelegenheit. Manche Städte versuchten das Problem über eine gebührenpflichtige Nutzung zu lösen, so wie in den 1980er-Jahren in Paris. Als man dies auch in den USA probierte, protestierten bald die Feministinnenenverbände wegen der Ungleichbehandlung, da im Umterschied zu Frauen die Männer überall urinieren konnten. Viele Städte reagierten auf die hohen Kosten, indem sie öffentliche Sanitäranlagen einfach ganz abschafften. In der nicht gerade unbedeutenden Stadt Washington D.C. zum Beispiel existieren heute nur noch zwei kostenlose öffentliche Toiletten, die Tag und Nacht zugänglich sind.

Wer indes dachte, das Urinal wäre endgültig aus dem öffentlichen Raum verbannt, sei eines Besseren belehrt, denn es kehrte unerwartet zurück, im Ökogewand oder als Pop-up-Variante. Um die nächtlichen Besucher-

▲
Uritrottoir®. Dieses Trockenurinal nutzt den Urin zur Kompostierung.

ströme auf den Partymeilen zu kanalisieren, setzt man in Großstädten heute auf eine neue, kluge Pissoir-Generation, darunter *GreenPee* in Amsterdam und *UriTrottoir®* in Paris, die dem gleichen Konzept folgen: Diese zu allen Seiten offenen und einsehbaren Urinale produzieren Kompost und versorgen ein paar Grünpflanzen, weshalb sie das Ökolabel tragen dürfen. Diskreter agiert die versenkbare Sanitäranlage *UriLift®*. Erst nachts, wenn die Feierlustigen unterwegs sind, fährt sie aus dem Boden und wird bei Tagesanbruch, zur Stunde der ehrbaren Berufstätigen, einfach wieder unter dem Straßenpflaster versenkt.

Dies führt uns zu einem verwandten Thema, das nicht außer Acht bleiben sollte: die Kneipentoilette, die in unfairer Konkurrenz zum öffentlichen WC steht. Wer hat nicht schon einmal ein Lokal betreten, ohne etwas essen oder trinken zu wollen – was man aus Höflichkeit dann trotzdem tut – sondern einzig und allein, weil's pressiert. Als in der Coronapandemie fast überall auf der Welt die Restaurants schließen mussten, zeigte sich ihre Bedeutung für das Stadtleben, nicht nur wegen ihrer sozialen Funktion, sondern wegen ihrer WCs, die offensichtlich angenehmer und komfortabler sind als öffentliche Klos. Und so musste sich 2020 ein Teil der Weltbevölkerung, mangels Alternative, mit den öffentlichen Toilettenanlagen abfinden (für viele eine Premiere). Andere nutzten die öffentlichen Sanitäranlagen weiter, sei es aus Gewohnheit, aus persönlicher Vorliebe oder aus beruflichen Gründen, allen voran die Arbeiter auf Baustellen oder auch die Taxifahrer.

▲
UriLift®, das versenkbare Pissoir (existiert auch als WC-Version); hier in Göteborg, Schweden.

◀
Nur nachts erhebt sich *UriLift®* aus dem Boden und steht für die Bedürfnisse der Nachtschwärmer und Partygänger bereit.

GreenPee wandelt den Urin in Dünger um und bringt auf diese Weise etwas mehr Grün (und Sauberkeit) ins Stadtbild; hier in Amsterdam, Niederlande.
▼

DAS URBANE WC-DESIGN

Designer begleiten die Umgestaltungsprozesse der modernen Metropolen und nehmen sich inzwischen auch des Themas der öffentlichen Toilettenanlagen beherzt an. Wer sich für Architektur, Design und ein heiteres Stadtbild begeistert, darf sich freuen.

Die Webseite DesignCurial, immer auf der Höhe der Zeit, präsentiert jedes Jahr zum Welttoilettentag am 19. November *The World's 10 Best Public Toilet Designs*. Im Fokus der Liste stehen die Innovationsfähigkeit, der Bezug zu Umwelt und Gesellschaft sowie die Ästhetik von Sanitärbauten. Aufgeführt sind beispielsweise die skulpturhaften, an seltsame zyklopische Krebstiere erinnernden Toiletten im Kumototo-Gebiet in Wellington (Neuseeland) oder die spiralförmig um eine WC-Kabine angeordneten Platten aus Cortenstahl in Austin (Texas). Sie haben einiges gemeinsam: auffallende Farben und Dimensionen, besondere Belüftungsanlagen, Komfort und Hygiene. In eine eigene Klokategorie, die zwischen Kunstinstallation und Designobjekt rangiert, gehört das witzige WC-Trio, das der Künstler Lars Ramberg für die Stadt Oslo kreierte: drei *Sanisettes* der Firma JCDecaux in den Flaggenfarben Blau-Weiß-Rot, in deren Innerem große politische Reden und die Nationalhymnen von Frankreich, Norwegen und den USA vom Band laufen. Zwangsläufig enthält diese Bestenliste auch einige herausragende Werke aus dem Projekt *The Tokyo Toilet*, für das man Designer mit der Gestaltung von siebzehn neuen öffentlichen Toiletten im Stadtbezirk Shibuya beauftragte. Jede Anlage musste andere Anforderungen erfüllen, doch im Ergebnis entstand jeweils ein *Washlet*™ im besten japanischen Design. Zu den schon realisierten und prämierten Entwürfen gehört das pfiffig-innovative Ensemble des Architekten Shigeru Ban: drei kubische, rundum verglaste und transparente Toilettenkabinen, bei denen man unmittelbar erkennt, ob sie sauber sind bzw. besetzt. Wie durch Zauberhand werden in dem Moment, wenn man die Toilette betritt und die Tür verriegelt, die Glaswände opak und blickdicht. Von Tadao Ando stammt ein runder, mehrere Räume umfassender Toilettenbau (samt Klositz für Kleinkinder in der Männerkabine!), während Nao Tamura, der nur eine sehr begrenzte Fläche zur Verfügung stand, ein knallrotes, unübersehbares Dreiecksgebäude mit drei WC-Kabinen, darunter eine Unisex-Toilette, gestaltete.

▶ Öffentliche Toilettenanlage am Park Ebisu, Tokio. Architekt: Masamichi Katayama/Wonderwall, 2020.

▲
Transparent verglastes Toilettenhaus, das im Rahmen des Projekts *The Tokyo Toilet* realisiert wurde.

▲
Wie eine Monumentalskulptur wirkt die Toilette aus Cortenstahl am Ufer des Lady Bird Lake in Austin, USA: Architekten: Miró Rivera Architects.

Wenn dieses WC besetzt ist, werden die transparenten Glaswände undurchsichtig. Park Yoyogi Fukamachi Mini, Tokio. Architekt: Shigeru Ban.
◀ ▼

Anhand der Higashi-Sanchome-Toilette wird deutlich, vor welchen Herausforderungen das Projekt *The Tokyo Toilet* stand: Hier musste das Bauobjekt auf engstem Raum eingepasst werden. Designerin: Nao Tamura, 2020.

Toilettenkabine mit Spionglasfassade („Einwegspiegel") in Tampa, Florida (USA).

Die Skupturen-Toiletten von Matakana (Neuseeland) sollen bescheidene 400 000 Dollar gekostet haben. Designer: Steffan de Haan, 2009.

◀ Toiletten-Installation des Künstlers Lars Ramberg für die Stadt Oslo, Norwegen. In den drei französischen *Sanisettes* mit der Aufschrift „Liberté“, „Égalité“ und „Fraternité“ (Freiheit, Gleichheit, Brüderlichkeit) werden Nationalhymnen und politische Reden abgespielt.

Lobster Toilet („Hummer-Toilette“) in Wellington, Neuseeland. Architekt: Bret Thurston, 2011. ▼

▲
In Changchun, China, liegen die Toiletten im Inneren dieser Baumstamm-Atrappe verborgen.

KURIOSITÄTEN-
KABINETT

Vorhang auf: Diese kleine, aber feine Auswahl öffentlicher Toiletten ist ebenso ungewöhnlich wie einzigartig. Nicht alle zeugen von sicherem Geschmack, bleiben aber mit Sicherheit unvergessen.

In China, bekannt für Toilettenrevolutionen und den scheinbar unerschöpflichen Ideenreichtum der Architekten, stoßen wir in Chongqing auf einen öffentlichen WC-Bau in Form eines Fotoapparats. In Fuyang entdecken wir ein kühnes, um nicht zu sagen prätentiöses Gebäude im neoklassizistischen Stil, dem das Kapitol in Washington, der Petersdom in Rom oder vielleicht das Caesars Palace Hotel in Las Vegas als Inspiration gedient haben. In Changchun tarnt sich die WC-Anlage als gigantischer Baumstamm, der einem Tolkien-Roman entsprungen sein könnte.
Eindrucksvoll kontrastiert in Thailand das von Sockel bis Dachfirst vergoldete Besucher-WC-Gebäude der buddhistischen Tempelanlage Wat Rong Khun in

▲ Die Fantasie der Erbauer öffentlicher Toilettenhäuser scheint in China grenzenlos zu sein; hier in Chongqing.

Chiang Rai mit den makellos weißen Tempelbauten. Wie wir wissen, hat alles einen Sinn, so auch dieser verrückte Toilettenbau von 1994, dessen Künstler bzw. Architekt uns an die Symbolik erinnert, dass Weiß für die Seele steht und Gold für den Körper.

Eine völlig andere, regionalistisch-bretonische Baugattung begrüßt uns am Flussufer in Pont-Aven, Frankreich, in Form eines kleinen öffentlichen Toilettenhauses aus Granit- und Schiefergestein, das gut und gerne als Kirche durchgehen könnte, wenn es nicht einem anderen Zweck diente.

Und so ließe sich unser Spaziergang von einem Kontinent zum nächsten, auf der Suche nach kurioser öffentlicher Toilettenarchitektur, noch eine ganze Weile fortsetzen.

▲
Die öffentliche Toilette von Pont-Aven aus dem Jahr 1932 ist Ausdruck der regionalen Identität.

Auf dem Campingplatz von Crêches-sur-Saône werden alte Toilettenhäuschen recyelt und in Kabinen mit Arbeitsplatz und Internetanschluss umgerüstet.

Ein Fischerboot, in zwei Hälften zerteilt und einer neuen Bestimmung zugeführt, auf São Miguel, Hauptinsel der Azoren.

Ein wahrer Toilettentempel, innen wie außen in Gold verkleidet, in der Tempelanlage Wat Rong Khun in Chiang Rai (Thailand).

AN DER FRISCHEN LUFT

Es gibt Stadt- und Landmäuse ... und es gibt öffentliche Stadttoiletten und Landtoiletten. Lassen wir die engen Asphaltstraßen hinter uns und gehen hinaus in die freie Natur, wo uns die endlose Weite erwartet. Eine herrliche Vorstellung: Während wir uns erleichtern, streift uns ein sanfter Windhauch. Gönnen wir uns den Luxus und lassen die Tür halb offen stehen, unser Blick schweift über die Landschaften ... Die Toilette als Fenster zur Welt.

THRON
MIT AUSSICHT

Manche öffentliche Toilette am Ende der Welt hat weder Komfort noch Eleganz. Dafür bietet sie eine andere, unschätzbare Qualität: einen Thron mit Aussicht.

Wanderlustige, kletterfreudige und wüstenbegeisterte Weltenbummler erzählen uns gerne von den ungewöhnlichen Toiletten, auf die sie hier und da bei ihren Reisen gestoßen sind. Ungewöhnlich ist meist deren Lage – in schwindelerregender Höhe, in einer gottverlassenen (bzw. doch nicht so verlassenen) Steppe, mitten in der Pampa, im afrikanischen Nationalpark oder auf Holzpfählen über dem Wasser am Strand. Weniger ungewöhnlich ist ihre Konstruktion, die oft den Plumpsklos unserer Urgroßeltern ähnelt. Man findet einfache Holzbaracken oder auch festere Bauten mit rostigem Blechdach oder traditionell mit Stroh bedeckt, über einer Trockengrube oder, falls das Gelände es hergibt, über einem Abgrund. Diese hübsche Beschreibung trifft wohl auf die meisten Klohäuschen am Ende der Welt zu.

Um ein solches Exemplar zu besichtigen, zu betreten und den einzigartigen Moment der Erleichterung zu erleben, steigen besonders Neugierige und Mutige sogar auf den Mount Cook, den höchsten Gipfel Neuseelands, hinauf zur Mueller-Schutzhütte. Sie wandern zum Basislager Karanga an den Hängen des Kilimandscharo oder erklimmen den Rysy in der slowakischen Hohen Tatra. Doch auch Globetrotter, die zu Höhenkrankheit neigen, dürfen in den Genuss kommen. Ihnen seien die Strandlatrinen empfohlen, wie die Plumpsklohütten am Ende eines Holzstegs in Papua-Neuguinea oder die Klohäuser auf Pfählen am Strand von St. Peter-Ording. Wer den ultimativen Tapetenwechsel und die einmalige Aussicht sucht, wird an den paradiesischen Küsten von Belize fündig, beispielsweise auf der winzigen Insel Silk Caye: ein paar Quadratmeter feiner Sand, sieben oder acht Palmen, ein schattiger Unterstand fürs Picknick ... plus ein immer frisch gestrichenes Klohäuschen für zwei Personen. Man sollte freilich wissen, dass Silk Caye, inmitten eines Naturreservats gelegen, ein sehr beliebter Spot für Taucher und Haibeobachter ist und das malerische, tausendfach fotografierte Toilettenhäuschen dort keinesfalls nur als Zierde steht.

▲
Mitten im Karibischen Meer in Zentralamerika liegt die einsame Insel Silk Caye, die zu Belize gehört. So einsam kann sie wohl doch nicht sein, denn sie verfügt über etwas Wesentliches: ein Toilettenhäuschen.

Schülerinnen der Schule von Gaire, Papua-Neuguinea, warten geduldig, bis sie an die Reihe kommen. Für die Sauberkeit der Toilette auf dem Holzsteg ist gesorgt, weil die Hinterlassenschaften direkt im Wasser landen.

▲
Panoramapause an der Wiwannihütte im Schweizer Wallis, vor dem Aufstieg aufs Wiwannihorn.

Lustig bemalte Toilette im Hippie-Look auf 2250 Metern Höhe in der Slowakei. Unter dem höchsten Gipfel der Hohen Tatra ist ein Glasfenster obligatorisch.
◀ ▼

▲
Lauschiges Plätzchen im privaten Wildreservat Tswalu Kalahari Game Reserve, Südafrika.

Als wollten die Mangrovenwurzeln diese Strandtoilette verschlingen; Marovo-Lagune, Salomonen.

Eine Toilette auf dem Dach der Welt? Beim Verlassen des Klohäuschens am Mount Everest in Nepal sollte man die Tür wieder gut verriegeln.

In dem Van Damme State Park, Kalifornien (USA), ist für Wanderer an alles gedacht.

Selbst in der Namib-Wüste steht für die vereinzelten Touristen und Botanikliebhaber ein stilles Örtchen bereit. ◀

▲
Willkommener Halt an der Seidenstraße, in der kargen Hochebene von Kirgisistan.

◀
Toiletten-Pfahlbau am Strand von St. Peter-Ording, Deutschland: Empfohlen wird die Benutzung bei Ebbe!

3750 „Stufen der Buße“

In diesem Punkt sind sich die drei großen monotheistischen Religionen einig: Der 2285 Meter hohe Berg Sinai, auch Mosesberg genannt, ist einer der heiligsten Gipfel unseres Planeten. An dieser Stelle, so heißt es, in einer Wüste im heutigen Ägypten, soll Gott dem Propheten Moses die zehn Gebote diktiert bzw. eingeflüstert haben. Vom Katharinenkloster führt der direkteste (und beschwerlichste) Weg zum Gipfel über den sogenannten Siket Syidna Musa, die 3750 „Stufen der Buße“, hinauf zum Gipfel. Wer dort oben sein Nachtlager aufschlägt, darf frühmorgens einen der schönsten Sonnenaufgänge der Welt erleben ... und einen der spirituellsten. Zur Kulisse an diesem hohen heiligen Ort gehört neben einer orthodoxen Kapelle auch ein erlösendes Klohäuschen aus hellem Stein, das im Sonnenaufgang flammend erstrahlt.

◀ Von Weitem extra gut sichtbar ist dieses Schweizer Hochgebirgs-WC; hier mit atemberaubender Aussicht auf das Engadin.

Ruhe ist garantiert in dieser Toilette am Basislager Karanga auf 3995 Meter Höhe; im Hintergrund liegt Uhuru Peak, der höchste Gipfel des Kilimandscharo. ◀

DAS PANORAMA-URINAL

Um in den Genuss einer Kulisse im Breitbildformat zu kommen, genügt manchmal ein Ausflug in höhere Etagen. Die Architekten griffen das Thema „Toiletten" zwar mit Verspätung, dann aber umso ambitionierter auf. Heute verblüffen sie uns mit spektakulären Panoramatoiletten.

Ein Aufzug befördert uns hinauf zu diesen stillen Örtchen der ganz besonderen Art, die weder eng noch ans Ende des Flurs verbannt sind. Eingerichtet in den oberen Etagen von Wolkenkratzern und schönen modernen Hochhäusern, eröffnen die überbreiten Fensterfronten den privilegierten Nutzern eine atemberaubende Aussicht auf die Umgebung. Möglicherweise schmeichelt es dem Ego dieser Herren auch ein wenig, wenn sie ihrem intimen Geschäft nachgehen und währenddessen die Welt zu ihren Füßen mustern. Und vielleicht kultivieren sie hier gar ihre uneingestandenen, leicht exhibitionistischen Neigungen, die an dieser Stelle unverfänglich sind. Wer weiß. Belvedere-Pissoirs, die gleichermaßen zum Erleichtern und Abschalten einladen, findet man hoch oben in den Bergen Tirols, über der Themse in London oder in Las Vegas auf den Dächern und Parkdecks. Unter die Kategorie „Panoramatoilette" fallen natürlich auch Sitz-WCs für Damen. Beim Anblick dieser Fotos jedoch drängt sich uns – pardon – ein Gemälde auf, das folgenden Titel tragen könnte: *Wenn der Mann auf die Welt pieselt …*

▶ Wie Kunst: elegantes Pissoir hoch über der Stadt, Hotel Peninsula, Hongkong.

▲
Das muss man erst einmal können: richtig zielen und gleichzeitig den Blick schweifen lassen, wie an diesem Panorama-Urinal in Shanghai.

Für das Epsom Derby, das berühmte Pferderennen im englischen Surrey, stand in den 1950er-Jahren ein Toilettenbus für die Zuschauer bereit. ▶

DIE MOBILE
SANITÄRSTATION

Eine Umgebung ist für fest installierte Toiletten ungeeignet? Sie sollen nur zeitweise, etwa für eine Veranstaltung, dienen? Wenn vor Ort keine Toiletten vorhanden sind, werden welche angeliefert, und zwar nicht aus Spaß, sondern aus purer Notwendigkeit. Das wissen wir spätestens dann, wenn wir (wieder einmal!) vor einer mobilen Toilette Schlange stehen.

In der Tat setzen sich gelegentlich größere Menschenmassen in Bewegung. Stadtbewohner lieben Ausflüge aufs Land. Ein Sportevent, ein Rockkonzert oder am Wochenende eine Rave-Party auf freiem Feld steht an … und schon strömen eintausend, zehntausend, fünfzigtausend Gäste an einem Ort zusammen, der für derart gewaltige Zusammenkünfte nicht geschaffen ist. Jetzt steht nicht mehr der Genuss der schönen Naturlandschaften im Vordergrund, sondern schlicht und einfach ihr Schutz. In diesen Fällen haben die Veranstalter keine andere Wahl, als temporär so viele mobile Toiletten wie möglich herbeizuschaffen.

Schon in den 1950er-Jahren stellte die örtliche Verwaltung für das populäre Epsom Derby in der Grafschaft Surrey einen Toilettenbus bereit. Einen Doppeldeckerbus, versteht sich, England verpflichtet. Diese Toilettenbus-Idee wird seitdem immer wieder aufgegriffen, ganz besonders in Indien.

Eine zweite Option ist die Chemietoilette, auf dem Lkw-Anhänger angeliefert, eine Light-Version der

▲
Mobile WC-Kabinen sind für Open-Air-Festivals ideal und fügen sich gut ins Landschaftsbild ein.

Gartentoilette, mobil und nirgends befestigt. Aus Blech oder Kunststoff gefertigt und auffallend bunt, stehen sie oft in eindrucksvollen Reihen nebeneinander, was dennoch eine endlose Warterei bei Großveranstaltungen nicht ausschließt.
Um die WC-Besucherströme reibungsloser zu gestalten, brüten Ingenieure und Designer ständig über neuen Lösungen. Möglichst immer leichter und umweltfreundlicher soll die mobile Toilette sein. Aus dem Gedanken heraus entstand *Uritonnoir*®, eine Art „Stroh-Pissoir". Diese höchst ausgefallene WC-Spezies exisistiert nur auf dem Land, denn sie funktioniert in der Kombination mit einem kompostierenden Strohballen. Für die Damen gibt es inzwischen *Lapee*®, ein tragbares feminines Urinal mit drei Plätzen. Diese witzig-dekorative Konstruktion in Knallrosa werden wir in Zukunft weltweit immer häufiger auf Festivals zu Gesicht bekommen. Warten wir gespannt, was als Nächstes erfunden wird.

▲
Wie kann man beim Toilettengang stickstoffhaltigen Dünger erzeugen? Mit dem *Uritonnoir®*.

Geduld, Geduld ... Auf Großveranstaltungen geht es nicht ohne die mobilen Toiletten, auch wenn sich lange Warteschlangen kaum vermeiden lassen.
▼

▲
Eine Revolution für Festivals und sonstige Freiluft-Events: das mobile Damenurinal, entworfen von *Lapee®*.

Im Ersten Weltkrieg entwickelte tragbare Latrinen; hier in Fort Riley, Kansas.

Oder man führt sein Klo immer mit sich … Gute Organisation ist alles.

RÜCKZUGSORT
DER ERLESENEN ART

Unsere Sehnsucht nach Naturidylle und Poesie, nach dem Eintauchen in die Landschaft, führt uns nach Japan. Während wir auf *hanami*, die berühmte Kirschblütenzeit warten, fällt uns ein stilles Örtchen ins Auge, das nicht edler sein könnte.

Unsere Reise zu Toiletten und Naturräumen der Welt darf, wie wir meinen, die japanischen Inseln nicht auslassen. Neben dem winzigen Bahnhof von Itabu in der Präfektur Chiba befindet sich ein öffentliches WC, auf das Bezeichnungen wie urtümlich oder ländlich nicht passen. Der Begriff „bukolisch" drängt sich bei seinem Anblick auf. Wir sind in Japan, mitten auf dem Land in traumhafter Naturlandschaft, die während der Kirschblüte, *hanami*, in verführerisches Rosa getaucht ist und im Frühling nach Mandeln duftet. Damit die Nutzerinnen dieser poetischen Toilette den zarten Blick ins Freie genießen dürfen, ersann der Architekt Sou Fujimoto im Jahr 2012 die „größte Toilette der Welt": Auf dem 200 Quadratmeter großen Gelände, das wie ein Garten mit Bäumen und Blumen bepflanzt und von Holzpalisaden eingefasst ist, thront in der Mitte ein transparenter Kubus aus Glas mit WC und Handwaschbecken. Dieses buchstäblich einzigartige stille Örtchen – wenngleich in puncto Schamgefühl nicht völlig entspannt – ist nur den Damen vorbehalten.

▲
Damentoilette nach dem Entwurf des Architekten Sou Fujimoto am Bahnhof von Itabu (Japan), 2012.

DER LOKUS ZU HAUSE

Wenn uns heute daheim oder zu Besuch bei Freunden ein natürliches Bedürfnis überkommt, ist das in der Regel keine große Sache. Dies war allerdings nicht immer so. Nicht selten gerieten Zeitgenossen der Antike, Schlossherren im Mittelalter, französische Bürger im Zweiten Kaiserreich oder Bauern in den 1920er-Jahren in einem solchen Fall in ein Dilemma. Jede Epoche erlebte größere und kleinere Fortschritte im Bereich der Hygiene, mit eigenen Regeln und neuen Erfindungen.

Schnittzeichnung eines Wohnhauses in Mohenjo-Daro; im Erdgeschoss befindet sich die Toilette, unter der Straße verläuft der Abwasserkanal.

▼

▲

Überreste des Kanalisationssystems in Mohenjo-Daro (Bronzezeit).

DAS PRIVATE KLO:
ANFÄNGE IM ANTIKEN ROM

Auf der Suche nach Toiletten legen wir Toga und Sandalen an und reisen ein paar tausend Jahre zurück in die Bronzezeit und ins Römische Reich. In Mesopotamien soll es schon Aborte in Privathäusern und ein frühes städtisches Kanalsystem gegeben haben. Schauen wir selbst.

In der Tat wird nach heutigem Wissensstand die Erfindung der privaten Toilette Mesopotamien zugeschrieben. Dort verfügten einige städtische Wohnhäuser im späten vierten Jahrtausend v. Chr., wenn auch nicht flächendeckend, über Aborte mit zylinderförmigen Sickerschächten. Im folgenden Jahrtausend gelang der Indus-Zivilisation ein sanitärhistorischer Meilenstein: Mohenjo-Daro, einst 40 000 Einwohner zählend, war wohl die älteste stadtähnliche Siedlung mit Kanalsystem bzw. Abwasserleitungen. Wir reisen weiter Richtung Mittelmeer und zur Insel Kreta. Dort genoss Mitte des 2. Jahrtausends v. Chr. der König der Minoer das angenehme Privileg, im Palast von Knossos eine Toilette mit Wasserspülung zu nutzen. Die royalen Ausscheidungen wurden direkt in die Palastkanalisation geleitet. Diese technischen Errungenschaften verbreiteten sich bis ins Römische Reich. Dort stattete man die meisten Stadthäuser mit privaten Aborten aus, allerdings häufig mit Sickergrube und ohne Anschluss ans städtische Kanalsystem. Im Übrigen sollten wir das

▲
Gemächer der Königin im Palast von Knossos auf Kreta. Im Badezimmer gab es eine Badewanne und eine Latrine mit Wasserspülung (per Hand eingeschüttet), beide an ein gut durchdachtes Abwassersystem angeschlossen.

Idealbild der römischen Städte etwas zurechtrücken, vor allem das der kaiserlichen Hauptstadt, die für ihr zentrales Abwassersystem, die *Cloaca maxima*, gerühmt wird. Diese hübsche zweitausendjährige Erfindung strömte nämlich nicht ganz so fließend dahin, wie wir uns das gerne vorstellen würden, sondern war allzu oft verstopft und manchmal sogar ausgetrocknet – von dem Fluss Tiber, der das Ganze aufnehmen musste, ganz zu schweigen. Paläoparasitologische Untersuchungen der antiken Sickergruben belegen zudem die Existenz zahlloser Parasiten, die furchteinflößende Namen tragen, und Unmengen an Fliegeneiern, was auf üppige Fliegenschwärme zwischen Latrinenraum und übervoller Grube schließen lässt. Unser Fazit: Den Latrinen der Antike standen noch einige Etappen bevor, bis sie an die Effizienz und den Komfort moderner Toiletten heranreichen sollten.

▲
Mittelalterliche Latrine, angebracht zwischen zwei Häusern über einer „Scheißgasse“; Bilderhandschrift aus dem *Decamerone* (Mitte 15. Jahrhundert).

VORSICHT, WASSER!

Unsere Reise in die Vergangenheit führt uns weiter ins Mittelalter und in die Renaissance. Entgegen der Erwartungen sind in dieser langen Epoche die erhofften Fortschritte im Bereich der Sanitäranlagen ausgeblieben. Unsere Erkenntnis: Die Privattoilette zu Hause ist eine gute Sache, aber am besten mit Abwassersystem.

Zugegeben, der spannende Moment bei der geführten Burgbesichtigung ist, wenn die Besucher verlegen grinsen, weil es heißt: „Und hier sind die Latrinen!“ Meist handelte es sich bei dem Abortkerker bzw. Abtrittkerker um eine einfache, über den Burggraben hinausragende Nische mit Sitz und Loch. Im besten Falle war sie über tönerne Fallrohre mit einem belüfteten Grubengewölbe verbunden, das uns manch freundlicher Burgführer heute als Verlies verkaufen will. Dieses Bild mittelalterlicher Sanitäranlagen hat sich ins Gedächtnis der Öffentlichkeit gebrannt. In der Renaissance verloren die Burgen und Schlösser ihre Verteidigungsfunktion und dienten fortan zu Wohnzwecken, d. h. im Fokus standen Bequemlichkeit und sinnliche Annehmlichkeiten – für Auge und Nase. Die Zeiten der überhängenden Abtritterker waren vorbei und stattdessen wurde, wie in Schloss Chambord zu sehen, das private Klo mit Abwasserrohr und unterirdischer Grube zur Regel.

Nicht jeder hatte aber das Glück, Schlossherr zu sein, und die sanitäre Lage unterschied sich landesweit deutlich. Während die Bauern die Äcker, Wälder oder Gärten – wie idyllisch – für ihre dringenden Bedürfnisse nutzten, waren die Stadtbewohner mit Schlimmerem konfrontiert! In den ohnehin viel zu dicht besiedelten und überbevölkerten Städten regierte ein Tongefäß, der berühmte Nachttopf, dem eine lange Zukunft bevorstand. Wohlhabendere Leute besaßen einen Leib- oder Nachtstuhl. Er wurde im Schlafzimmer oder, wenn vorhanden, in einem kleinen Nebenraum platziert, den man als Garderobe, Privé, stilles Örtchen, Lokus oder Retirade bezeichnete. Ab 1374 wurden in Paris die Hausbesitzer durch eine königliche Verordnung verpflichtet, „ausreichend Latrinen und Privés in ihren Häusern“ bereitzustellen. Häufig wurden einfach nur Bretterverschläge möglichst weit oben zwischen zwei Gebäuden angebracht, damit die Entleerung direkt zwischen den Hauswänden vonstatten ging. Eine winzige Buchmalerei im *Decamerone* von Boccaccio zeigt den armen Andreuccio, der durch den Fußboden einer dieser „luftigen Latrinen“ fiel. Manche Wohnhäuser besaßen unter der Erde eine Grube, mehr oder weniger tief, die mit Asche bestreut und regelmäßig (nicht vergessen!) geleert werden musste. Wenn es keine Grube gab, kippten die Bediensteten die Fäkalieneimer in einem freiliegenden Abwasserkanal aus, der extra zu diesem Zweck mitten durch das Stadtviertel führte. In Paris war dies der „merderon“. Die gängigste Art der Notdurftentsorgung in Paris, zum Leidwesen zeitgenössischer Chronisten und unglücklicher Passanten, war es, die ganze Chose einfach aus dem Fenster zu kippen, begleitet von dem wiederholten Ruf „Gare dessous!“ („Vorsicht unten!“) oder „Gare l'eau!“ („Vorsicht, Wasser!“). Der englische Begriff *„loo“* für die Toilette soll sich daraus ableiten. Wir können uns den Schmutz und Gestank, der in sämtlichen Großstädten der westlichen Welt herrschte und der auch Seuchen wie Pest, Cholera und Typhus vorantrieb, heute kaum ausmalen. In diesen Städten sei daher auf unserer Zeitreise das Tragen von Stiefeln anstelle von Sandalen dringend empfohlen!

▲
Mit garantierter Belüftung: Abtritterker einer mittelalterlichen Burg, konstruiert als Nische im Mauervorsprung.

Burg Marienwerder, der einstige Sitz der Bischöfe von Pomesanien, im heutigen Kwidzyn (Polen). Der Wehrturm, der in einiger Entfernung vom Wohngebäude liegt, beherbergte auch die Abortanlagen.

▼

▲
Gare l'eau! – Vorsicht, Wasser! – so der Untertitel zu dieser Alltagsszene, Lithografie von Edme-Jean Pigal; aus den *Mœurs parisiennes* (Pariser Sitten), 19. Jahrhundert.

▲ *Château de Lichtenberg*, eine Burgruine im Elsass (Frankreich); die Wehrerker, von denen aus die Angreifer beschossen und beworfen wurden, fungierten manchmal auch als Aborte.

Gut belüfteter Abort im mittelalterlichen Burgturm Kärnan, der als einziges Bauwerk der Festung von Helsingborg (Schweden) stehen blieb. ▼

IM ZEITALTER **DER ERFINDUNGEN**

Für eine verbesserte Hygiene der Privattoiletten war dringender Fortschritt geboten. Und es brauchte ein paar kluge Köpfe, die sich dieser Materie annahmen.

Wir sind die städtische Kanalisation gewohnt, daher schockiert uns nicht, dass in einem Urteil des Pariser Parlaments aus dem Jahr 1530 für jedes Haus in der Stadt der Bau einer Senkgrube angeordnet wurde. Nachts zog der *Maître Fifi,* so die scherzhafte Bezeichnung des Pariser Fäkalienfuhrmanns, mit seinem Karren an allen Häusern, die eine volle Grube gemeldet hatten, vorbei und sammelte die Fäkalientröge ein, um sie anschließend in den öffentlichen Straßen zu entleeren – nicht in Bächen und Flüssen, das war untersagt, hielt ihn aber nicht immer davon ab. Alternativ kippte er die Exkremente über riesigen Streuflächen aus. Dort konnten sich die Bauern mit der damals beliebten *Poudrette,* dem trockenen, geruchfreien Streudünger, eindecken. Ob solche Erlasse, Urteile und Gesetze für noch mehr Unrat auf den Straßen sorgten? Wohl eher nicht, denn in der Praxis hielten sich nur wenige Hausbesitzer an die Vorschrift des Senkgrubenbaus und die Mehrzahl der Stadtbewohner war weiter auf ihren Nachtstuhl oder Notdurfteimer angewiesen.

Es war eine merkwürde Zeit voller Widersprüche, in der Erasmus von Rotterdam in seinem berühmten Werk *De civilitate morum puerilium* die Empfehlung gab, seine Geschäfte „heimlich und sittsam" zu erledigen, während andere Leute in aller Öffentlichkeit ins Kaminfeuer pinkelten.

In jener Epoche veränderte ein britischer Untertan, ein gut aussehender Gentleman mit spitz verzwirbeltem Schnurrbart, grundlegend die Welt. Sir John Harington, eines von 102 Patenkindern der Königin Elisabeth I. von England, erfand 1596 das *Water Closet,* die Einzeltoilette mit Wasserspülung und Behälter, die zum Pionier unserer heutigen WC-Technologie wurde. Den ersten Prototyp ließ Harington in seinem Anwesen in Kelston bei Bath installieren, einen zweiten im Palast der Königin, die jedoch, so erzählt man sich, lieber weiterhin auf ihrem königlichen Leibstuhl thronte. John Harington war übrigens ein Vorfahre von Kit Harington, bekannt durch seine Rolle als Jon Snow in *Game of Thrones* … wobei diese zwei „Thronangelegenheiten" wohl nichts miteinander zu tun haben.

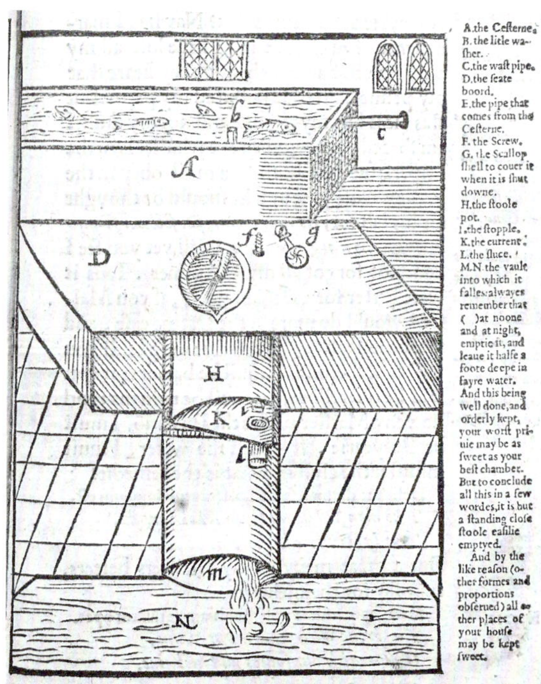

▶ Detaillierter Plan des Wasserklosetts, eine Erfindung von Sir John Harington. Die Abbildung stammt aus seinem politisch-satirischen Werk *A New Discourse of a Stale Subject, called The Metamorphosis of Ajax* (1596), das sich mit diesem Thema beschäftigt.

Porträt von Sir John Harington, um 1590 (Hieronimo Custodis zugeschrieben).

Das von Stevens Hellyer 1870 weiterentwickelte Modell *Optimus* zeigt, wie wenig sich das System der Wasserspülung in den drei Jahrhunderten seit Haringtons Erfindung verändert hat.

„SIE SIND IN DER GLÜCKLICHEN LAGE, SCHEISSEN GEHEN ZU KÖNNEN, WANN SIE WOLLEN.“

Brief von Prinzessin Elisabeth Charlotte „Liselotte“ von der Pfalz, Herzogin von Orléans und Schwägerin Ludwigs XIV., an ihre Tante Sophie von Hannover. Schloss Fontainebleau, 9. Oktober 1694:

„Sie sind in der glücklichen Lage, scheißen gehen zu können, wann Sie wollen, scheißen Sie also nach Belieben. Wir sind hier nicht in derselben Lage, hier bin ich verpflichtet, meinen Kackhaufen bis zum Abend aufzuheben; es gibt nämlich keinen Leibstuhl in den Häusern an der Waldseite. Ich habe das Pech, eines davon zu bewohnen und darum den Kummer, hinausgehen zu müssen, wenn ich scheißen will, das ärgert mich, weil ich bequem scheißen möchte, und ich scheiße nicht bequem, wenn sich mein Arsch nicht hinsetzen kann. Dazu wäre noch zu bemerken, dass uns jeder beim Scheißen sieht: Da laufen Männer, Frauen, Mädchen und Jungen vorbei, Pfarrer und Schweizergarden können einander zusehen; nun, kein Vergnügen ohne Mühe und wenn man überhaupt nicht scheißen müsste, dann fühlte ich mich in Fontainebleau wie der Fisch im Wasser. Es ist äußerst betrüblich, daß meine Freuden von Scheißhaufen behindert werden; ich wünschte, daß der, der das Scheißen erfunden hat, er und seine ganze Sippschaft, nur durch eine Tracht Prügel scheißen könnte! Wie war das am Dienstag? Man müßte leben können, ohne zu scheißen. Setzen Sie sich zu Tisch mit der besten Gesellschaft der Welt, wenn Sie scheißen müssen, müssen Sie scheißen gehen oder verrecken. Ach, die verdammte Scheißerei! Ich weiß nichts Ekeligeres als das Scheißen. Sie sehen eine hübsche Person, niedlich, reinlich, Sie rufen aus: ach wie reizend wäre das, wenn sie nicht schisse! Den Lastenträgern, Gardesoldaten, Sänfteträgern, dem Volk dieses Kalibers billige ich es zu. Aber: Die Kaiser scheißen, die Kaiserinnen scheißen, die Könige scheißen, die Königinnen scheißen, der Papst scheißt, die Kardinäle scheißen, die Fürsten scheißen und die Erzbischöfe und Bischöfe scheißen, die Pfarrer und die Vikare scheißen. Geben Sie zu, die Welt ist voll von ekelhaften Leuten! Denn schließlich scheißt man in der Luft, man scheißt auf die Erde, man scheißt ins Meer, das Weltall ist angefüllt mit Scheißern und die Straßen von Fontainebleau mit Scheiße [...]“

Die Antwort der Kurfürstin von Hannover vom 31. Oktober 1694 beginnt mit den Worten: „Das ist eine vergnügliche Scheiß-Überlegung, die Sie zum Thema Scheißen machen.“ Danach folgen humorvolle Ausführungen über die Freuden der Notdurftverrichtung.

Porträt von Liselotte von der Pfalz, Herzogin von Orléans (Rigaud, 1713).

▲
Leibstuhl mit rotem Samtpolster von König William III. in Hampton Court (England), 17. Jahrhundert.

VON LEIBSTÜHLEN
UND NACHTTÖPFEN

Nicht jede Erfindung wird vorbehaltlos übernommen, egal wie revolutionär sie sein mag. Auch das Wasserklosett war nicht sofort erfolgreich. Noch lange Zeit setzten sich die Menschen auf Behältnisse, die man anschließend per Hand entleeren musste.

Bis das moderne „englische WC“ endlich überall Einzug gehalten hat, möchten wir noch einen Augenblick im 17. Jahrhundert verweilen. Die Wasserspülung gab es zwar damals noch nicht, dafür wurden die Stühle mit Loch immer populärer. Der Nacht- oder Leibstuhl, ein hübsches Tischler- oder Polstermöbel, war mit einem Topf aus Keramik (vorzugsweise, sagen Zeitzeugen) oder aus Silber bestückt. In allen Fürstenhäusern vorhanden, eroberte er nun auch die reichen Haushalte. Der mobile Klostuhl war mit einem abnehmbaren Kissen aus Stoff oder Leder bezogen und stand gewöhnlich in einer Garderobe oder Retirade. Manchen Herrschern diente der Leibstuhl sogar als Thron, auf dem sie die Untertanen empfingen, während sie ihr Bedürfnis verrichteten. Ludwig XIII. pflegte dies zu tun und auch Ludwig XIV., bis dieser etwas mehr Intimsphäre wünschte und 1672 ein „Leibstuhlkabinett“ für sich einrichten ließ. Bemerkenswert ist auch, dass König Heinrich III. angeblich auf seinem morgendlichen „Thron“ saß, als er von dem Mönch Jacques Clément erstochen wurde, wodurch seine Herrschaft ein jähes Ende fand.

Auf dem Landsitz Marly ließ der Sonnenkönig um 1680 den königlichen Pavillon und die insgesamt zwölf Gästepavillons mit Toiletten ausstatten. Dort verrichteten die Bediensteten nicht nur ihre eigenen Bedürfnisse, sondern entleerten außerdem die Notdurfteimer ihrer Herrschaften. Im Schloss Versailles, das täglich über 5000 Menschen beherbergte, gestaltete sich die Angelegenheit etwas schwieriger. Zwar gab es Besucherlatrinen und vier große Sickergruben in der Erde, doch diese reichten bei Weitem nicht aus, wie man mehreren Berichten entnehmen kann. Die Königsfamilie und Höflinge nutzten weiter ihre Leibstühle, die von einer Schar von Kammerdienern geleert werden mussten. Oder sie verwendeten Porzellan- oder Steingutgefäße, die seinerzeit sehr beliebte edle „Mitbringsel“ waren und für die um 1720 sogar ein neues Möbelstück erfunden wurde: der Nachttisch.

◀
Rechts: Leibstuhl aus den Gemächern Ludwigs XV. im Schloss von Versailles (Frankreich). Links: Das von Madame de Pompadour 1751 für das Château de Bellevue in Auftrag gegebene Bidet, das der König nutzen sollte. Beide Hygienemöbel sind in Versailles aufbewahrt.

▲
Zwei einfache Modelle für getischlerte, nicht gepolsterte Toilettenstühle.

Leibstuhl mit passendem Nachttopf aus Glas im Schloss Schwetzingen, um 1770.
◀

Ein sogenanntes Bourdaloue aus Sèvres-Porzellan (1757–1758), das sich die Frauen diskret unters Kleid schoben. Benannt ist das Damenurinal nach dem Jesuitenpater Louis Bourdaloue, der endlos lange Predigten am Hofe Ludwigs XIV. abhielt. ◀

Nachttopf aus Zinn, 18. Jahrhundert. ◀

▲ Niederländischer Fayence-Nachttopf; im 18. Jahrhundert wurden kunstvoll verzierte Nachttöpfe gerne als Geschenk überreicht.

DIE TOILETTE **IM SÉPARÉE**

Werfen wir einen Blick auf die Epoche der Aufklärung, als das Esszimmer und die separate Toilettenstube Einzug hielten! Wieder einmal gelang Großbritannien eine Revolution, diesmal auf sanitärem und häuslichem Gebiet, die der Bevölkerung mehr modernen Komfort und die ersehnte Intimsphäre bescherte. Die Erfindung des Siphons 1775 löste das leidige Problem der Ausdünstungen. Endlich waren Toiletten im Wohnbereich auszuhalten.

Bis dato waren Innentoiletten (bei Weitem nicht alle Gebäude besaßen welche) vorzugsweise im Erdgeschoss oder unter den Treppen installiert, möglichst weit entfernt von den Wohnräumen, oder auch unter dem Dach wegen der besseren Belüftung. Manche Kloschüsseln ließen sich mit einem Klappdeckel verschließen, waren mit Lederstreifen abgedichtet und an dem tönernen Fallrohr befestigt, durch das die Ausscheidungen in die Grube fielen. Von dort strömten üble Gerüche zurück, was sich nicht vermeiden ließ. Erst dank der Erfindung des Schotten Alexander Cumming konnte die Toilette geruchlich von der Sickergrube abgeriegelt werden. Der simple Einfall war der Siphon – ein s-förmiges Rohr, in dem Wasser als Dichtung fungierte. Mit seinem Geniestreich gab sich Cumming noch nicht zufrieden und verbesserte außerdem die Wasserspülung. Die moderne Toilette war geboren und verbreitete sich in Europa unter der Bezeichnung „Wasserklosett", engl. *Water Closet* (kurz WC). Erst mit diesem System, bestehend aus Wasserspülung, hermetisch abgedichteter Sickergrube und separater Wasserleitung, wurde ein Lokus in angenehmer Reichweite zum Schlafzimmer überhaupt vorstellbar. Für die Toilette schuf man einen eigenen Raum, dem sich nun bereitwillig auch renommierte Architekten bei ihren Publikationen und Bauprojekten widmeten. Ein schönes Beispiel können wir im „Kleinen Appartement" der Königin Marie-Antoinette in Versailles bewundern – eine holzvertäfelte Kammer mit einem Wasserklosett, Ventil an der Schüssel und Wasserstrahl. Schon damals scheute man keine Originalität, wovon die „Büchertoilette" im Patrizierhaus Den Wolsack in Antwerpen zeugt. Hier durfte man sein dringendes Bedürfnis auf einem Bücherstapel verrichten, vor scheinbarer Bibliothekskulisse mit „ledernen Buchrücken". Was Henry Miller dazu gesagt hätte, der in *Die Kunst des Lesens. Ein Leben mit Büchern* dem Lesen auf der Toilette sogar ein ganzes Kapitel widmete und dies als schlechte Angewohnheit beklagte?

Die Erfindung des Siphon 1875 schuf eine luftdichte Sperre im WC, um die Gerüche fernzuhalten.
▶

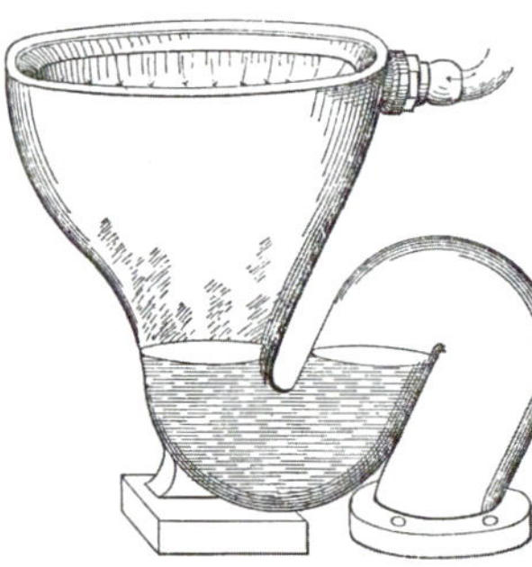

Toilettenkommode der Königin im Schloss Versailles, für Marie-Antoinette entworfen. Der Mahagoni-Leibstuhl mitsamt Mechanismus (Spülknopf und Wasserstrahl) wurde im 19. Jahrhundert für Königin Maria Amalia umgearbeitet.
▼

▲
Ein literarisches „Trompe l'œil": Büchertoilette in einer Scheinbibliothek, Antwerpen, um 1770.

▲
Die Neuerfindung der Kanalisation Mitte des 19. Jahrhunderts brachte die öffentliche Gesundheit einen großen Schritt voran; hier die Abwasserkanäle von Paris, Fotografie von Nadar.

▲
Ein Zimmer zum Wohnen. Der Schuljunge erledigt auf der Toilette seine Hausaufgaben, um 1880.

MEHR KOMFORT
IM EIGENEN HEIM

Es gab im 19. Jahrhundert schon moderne Toiletten, auch wenn noch einige technische Probleme zu lösen waren. Außerdem musste sich diese phänomenale Erfindung noch über Berge und Täler herumsprechen.

Hier würden wir uns, auch im 21. Jahrhundert, noch fast überall vertrauensvoll hinsetzen: Es gab 1830 durchaus schon moderne Toiletten, die in manchen Gegenden sogar Standard waren. 1870 leistete der Brite Thomas William Twyford einen wichtigen Beitrag zur Verbesserung des Wasserklosetts, als er die erste Schüssel aus Keramik präsentierte. Sie wurde rasch weiterentwickelt und war bald in den meisten Sanitärkatalogen abgebildet – von London bis Wien und von New York bis Paris. Es galt nur noch, das leidige Problem zu lösen, wie sich die menschlichen Ausscheidungen aus der Stadt entsorgen ließen. In Frankreich waren zwei Unternehmen mit der Grubenentleerung betraut – die *Compagnie des pompes anti-méphitiques,* die gegen stinkende Dämpfe mit Pumpen vorging, und die *Compagnie du ventilateur,* die sich um die Belüftung kümmerte. Weil aber die Anzahl der Toiletten im Haus und damit die Nachfrage nach fließendem Wasser zunahm, entschied man sich für eine bessere Lösung in Form einer effizienten Kanalisation, an die jeder Haushalt angeschlossen war. Unter Leitung des französischen Bauingenieurs Belgrand wurde 1854 der Ausbau des Pariser Abwassersystems vorangetrieben. In London erfolgte die Erneuerung der Kanalisation als Reaktion auf *The Great Stink*, der Große Gestank, der sich 1858 als Katastrophe in jedes Geruchsgedächtnis einbrannte. An dieser Stelle sei auf Emmanuel Adlers spannende und witzige Abhandlung *La gestion des déjections humaines, un défi urbain* („Umgang mit menschlichen Exkrementen, eine städtische Herausforderung") verwiesen. Übrigens war in Paris ab 1894 per Präfekturverordnung für jede Wohnung ein Wasserklosett mit Wassertank vorgeschrieben.

BAL
CONSOMMATIONS
AVEC
PRIMES
905. - Une Rue de Paris à 4 heures du mati

Eine Straße in Paris um vier Uhr morgens – das bringt Glück. Damit sich die Fäkalien nicht überall in der Stadt verteilten, zog „Maître Fifi“, wie er scherzhaft hieß, jeden Morgen mit dem Tankwagen seine Runden. Sein offizieller Titel lautete „Maître des basses œuvres“ – Meister der niederen Arbeiten. Postkarte, um 1900.

RECHT AUF MODERNISIERUNG: DAS EIGENE WC

Fortschritt ist unaufhaltsam. Auch das Wasserklosett war, rückblickend betrachtet, im 20. Jahrhundert nichts Ungewöhnliches mehr. Fast zumindest, denn einigen blieb dieser moderne Komfort trotz alledem verwehrt. Dabei versuchte man in Frankreich sogar per Gesetz die Privattoilette für jeden Haushalt durchzusetzen.

Während man in der Stadt die Kanalisation und die Toiletten auf jedem Stockwerk vorantrieb, waren auf dem Land solche Überlegungen nicht von Bedeutung. Dort war man noch lange Zeit mit dem Plumpsklo im Garten und dem Blecheimer zufrieden. Bis heute ist die individuelle Sickergrube in ländlichen Regionen Frankreichs keine Ausnahme. Aber auch in Städten mussten Familien, ungeachtet gesetzlicher Vorgaben, noch viele Jahre auf die eigene Toilette in der Wohnung warten. Zudem befand sich weiterhin in Mehrfamilienhäusern der Abort nicht selten auf halber Treppe. Allen Widrigkeiten zum Trotz ließ sich der Fortschritt nicht aufhalten und das Klo in den eigenen vier Wänden, das bisher unter die Treppe oder ins Freie verbannt war, wurde zum Inbegriff der häuslichen Glückseligkeit, wie die Sanitärkataloge aus der Zwischenkriegszeit und den 1950er- und 1960er-Jahren veranschaulichen. Im Übrigen mischt sich in Frankreich die Gesetzgebung bis heute in diese Angelegenheit ein, tänzelt ein paar Schritte nach vorne … und wieder zurück: In einer Verordnung vom Januar 2002 heißt es, eine angemessene Wohnung verfüge „über eine Sanitäranlage im Innenbereich mit einem WC, das getrennt ist von Küche und dem Raum, in dem Mahlzeiten eingenommen werden […]. Der Sanitärbereich einer Ein-Zimmer-Wohnung darf auf ein WC außerhalb der Wohnung beschränkt sein, sofern sich dieses im selben Gebäude befindet und leicht zugänglich ist." In einer nächsten Verordnung, datiert auf November 2014, wurde dieses Verbot der direkten Verbindung zwischen Toilette und Küche bzw. Wohnzimmer korrigiert und wieder aufgehoben. Außerdem wurde das französische „Broyeur-WC" mit integriertem Fäkalienzerkleinerer, oft die rettende Lösung für Altbauten, kurzerhand für neue Appartements verboten und ist jetzt in vielen Städten genehmigungspflichtig.

Häusliches Glück: Das Badezimmer als Symbol des Komforts; aus dem Katalog von *Standard Sanitary*, 1920.

▶

Schnittansicht der Sanitärausstattung eines Mehrfamilienhauses; zu sehen sind Wasserklosetts und Waschbecken von unterschiedlichem Komfortniveau; um 1900.

RUSTIKAL ODER HIGH-TECH

Ist die moderne Sanitärtechnologie jetzt ausgereift? Beherzt greifen Industrie und Designer die Thematik auf und machen sie zum rentablen Geschäftsmodell. Dem Verbraucher bleibt die Wahl der bevorzugten Toilettenvariante, je nach Geschmack und Kulturkreis: mit oder ohne Kloschüssel, zum Hocken oder Sitzen, traditionell mit Papier oder mit Popodusche, als Trockentoilette oder Plumpsklo in der Gartenecke ...

„ALLA TURCA“, DAS BASISMODELL

Ob auf einer Reise durch China oder beim Besuch einer Kneipe aus vergangenen Zeiten in Frankreich ... Wir alle durften wohl schon den diskreten Charme einer sogenannten Hocktoilette am eigenen Leib erfahren.

„Als Hocktoilette (ugs. auch Hockklo, manchmal Stehklo) wird eine Toilette bezeichnet, die zur Defäkation eine Hocke erfordert“, schreibt Wikipedia. In Frankreich nennt man sie „türkische Toilette“, während unsere britischen Nachbarn von der „Asian“, „Indian“ oder „Turkish toilet“ sprechen, die offizielle Bezeichnung ist *Squat Toilet*. Offensichtlich glauben die meisten Amerikaner, in ganz Frankreich würde es nur diese eine Toilettenart geben. In Asien und Afrika sind Hocktoiletten noch weit verbreitet, aber im Rückgang begriffen, für die westliche Welt steht sie häufig für mangelnden Komfort. Das Hockklo, ursprünglich eine simple Steinplatte mit Loch, wird heute aus Keramik oder aus rostfreiem Stahl hergestellt und hat eine Wasserspülung. Manchmal findet man den extra Komfort einer Stange an der Wand. Übertriebener Luxus! Mediziner betonen, die hockende Haltung sei für uns Menschen physiologisch gesünder, als wenn wir uns bei der Konkurrenz, also im Sitzen erleichtern. Dieses Argument hat jedoch der Hocktoilette nicht zum Durchbruch verholfen. Es gibt noch eine abgewandelte Form, vielmehr eine Mischung zwischen Hock- und Sitztoilette: die traditionell westliche Kloschüssel, auf deren Rand man zuerst steigt – Fuß rechts, Fuß links – und sich dann niederhockt. Einen guten Gleichgewichtssinn vorausgesetzt!

▶ Das Piktogramm verweist auf eine Toilette ... vermutlich zum Hocken.

▲
Hocktoilette ohne Wasserspülung, dafür aber mit dem obligatorischen Eimer und Wasserhahn; Hôtel Timzzillite, Dadès-Schlucht, Marokko.

THE J. L. MOTT IRON WORKS, NEW YORK. 75

THE "DOLPHIN."

PLATE 125-G.

PLATE 126-G.

For description, see opposite page.

▲
Katalog der New Yorker Firma J. L. Mott Iron Works mit dem Modell *Dolphin* („Delfin"), einem Toilettenschüssel-Klassiker.

KLOSETTSITZ NACH
ENGLISCHER ART

In Japan heißt es *Western Style*, die westliche Welt sagt *English Seats* oder *Regular Toilets*. Die Rede ist vom universellsten WC aller Zeiten, das sich unaufhaltsam auf unserem Globus ausbreitet.

Schritt für Schritt hat sich das englische Wasserklosett aus der römischen Latrine über den Toilettenstuhl und andere Varianten entwickelt. Es besteht aus einem sitzhohen Becken oder einer Schüssel aus Keramik, Spülkasten sowie zwei Abdeckungen: die Klobrille, je nach Region vorne geschlossen oder offen, und den Klodeckel. Das WC-Modell, mit dem Thomas Crapper im 19. Jahrhundert ein Vermögen machte, ist heute in unzähligen Designs, Formen und Farben erhältlich.

Wer Authentisches liebt, stöbert auf Trödelmärkten nach seiner Traumtoilette oder sucht eines der wenigen Spezialgeschäfte auf, wie Stiffkey in Norfolk, ein Antiquitätenhändler für renommiertes Sanitärzubehör. Für Neuware im Retrostil empfehlen wir Thomas Crapper, einst Lieferant des Prinzen von Wales und des englischen Königs George V. Das Unternehmen exisitiert heute noch und präsentiert in seinem Sanitärkatalog äußerst effektvolle viktorianische Modelle. Der ikonische gusseiserne Spülkasten mit der Referenznummer 814 gehört dazu, genau wie die ebenso berühmte Keramikschüssel *The Venerable*. Manche bevorzugen Art-déco-Stil, andere eher zeitgenössisches Design. Ab 1954 revolutionierte Gio Ponti mit seinem WC-Design, das heute schon wieder Vintage ist, die Marke Ideal Standard. Populär wurde auch die Toiletten-Kollektion *Me by Starck*, seit 1994 Erfolgsprodukt aus der Kooperation zwischen dem französischen Stardesigner Philippe Starck und dem deutschen Sanitärhersteller Duravit, der seit 200 Jahren in dem Geschäft tätig ist. Ein Blickfang ist das Duravit *Design Center* in Hornberg mit einer übergroßen WC-Skulptur in der Fassade, das mit der Perfektion der Formen – weich, glatt, makellos – Liebhaber von Badkeramik begeistert. Das Weiß der Kloschüssel steht für Reinheit und Sauberkeit, also sollten wir uns damit begnügen? Keineswegs, sagt eine Handvoll Fabrikanten, die der WC-Welt ein Leben in Farbe einhauchen möchten. Die japanische Marke Artoletta nutzt die weiße Toilettenschüssel als Leinwand und will unsere stillen Örtchen mit Kunst und Deko aufpeppen, und das in großer Themenvielfalt, z. B. Panther, Weltall oder *Great Wave* (nach dem japanischen Künstler Hokusai). Außerdem gibt es die individuell gestaltbare Toilette, in Form eines Totenkopfs etwa, mit bunten LED-Augen und integriertem Lautsprecher: *WaterThrone®* nennt sich dieses WC-Modell, das sich ein Klempner aus Cagnes-sur-Mer in Frankreich ausdachte und das besonders in Dubai sehr gut ankommt. Absolute Krönung ist das Werk des Juweliers Coronet, das es 2019 ins *Guinessbuch der Rekorde* schaffte. Seine Toilettenbrille, mit über 40 000 Brillanten (334 Karat) besetzt, kann für die bescheidene Summe von 1,3 Millionen Dollar käuflich erworben werden!

▶ Griff einer Wasserspülung der bekannten Sanitärfirma Crapper inklusive dekorativer Gebrauchsanleitung: *Pull and let go* (ziehen und loslassen).

◀ *The Venerable*, beliebter Klassiker aus viktorianischer Zeit der englischen Firma Crapper; wird bis heute produziert.

▲
Artoletta, ein Konzept zur individuellen Gestaltung von Sanitärelementen.

◀
Moderne Badkeramik, entworfen 1954 von Gio Ponti für Ideal Standard.

◀ Werbewirksame WC-Skulptur: Design Center der Firma Duravit in Hornberg, Deutschland.

▶ *WaterThrone®*, eine Erfindung aus Frankreich, mit individuell gestaltbarer Schüssel, LEDs, integriertem Lautsprecher, Smartphone-Anschluss etc.

EINE ROLLE **KLOPAPIER, BITTE**

Das Toilettenpapier wurde zu einem so grundlegenden Bedarfsgut, dass alleine die Ankündigung einer Krise regelrechte Hamsterkäufe auslöst und es zur Mangelware wird! Dabei ist seine Erfindung recht jung.

Das Toilettenpapier, zum echten Alltagsbegleiter geworden, wird in manchen Ländern mit netten Namen bedacht. Franzosen bezeichnen ihr *papier-toilette* gerne als *p. q.*, ausgeschrieben *pécu,* die charmante Abkürzung von *papier-cul* („Arschpapier"). Engländer sprechen liebevoll von ihrer *loo roll.* In anderen Kulturkreisen hingegen wurde Klopapier noch nie verwendet, man betrachtete es gar mit einer gewissen Abscheu, da es seiner hygienischen Funktion nicht gerecht werden könne. Immer länger ist die Liste der Utensilien zum Säubern des Allerwertesten im Laufe der Jahrhunderte geworden: Als *xylospongium* oder *tersorium* bezeichneten die Römer ihr am Holzstock befestigtes Schwämmchen. In Japan erfüllte *chūgi,* ein Holzstäbchen, diese Funktion. Im Gebrauch waren Keramikscherben, kleine (glatte oder raue) Steine, Blätter und Gras, Fell, Hanf, Lappen aus Wolle oder in der wohlhabenderen Gesellschaft auch samtene Tücher. Alte Zeitungen und später auch Illustrierte erfüllten den gleichen Zweck. Im 16. Jahrhundert ließ der französische Schriftsteller Rabelais durch seinen Protagonisten Gargantua wissen: „Es gibt keinen bessern Arschwisch als ein recht flaumiges junges Gänschen, wenn man es nämlich so faßt, daß ihm der Kopf zwischen die Beine zu liegen kommt".

In China wurden ab dem 13. Jahrhundert Papiertücher produziert, die ausschließlich dem Kaiser vorbehalten waren. Die eigentliche Geschichte des Klopapiers beginnt aber erst 1857 in New York mit Joseph Gayetty, dem anerkannten Erfinder des Hygienepapiers, das dieser, in Aloe-Extrakte getränkt, in Päckchen zu jeweils 500 Blatt veräußerte. 1890 erwarben die Gebrüder Scott in Philadelphia das Patent für WC-Papier auf Rollen mit perforierten Blättern zum Abreißen. Bis in die 1930er-Jahre sollte es jedoch dauern, dass ein Fabrikant endlich zertifiziertes, splitterfreies Papier anbot! Die Karriere des Toilettenpapiers war damit allerdings noch nicht gesichert. Man schnitt Zeitungen an langen Winterabenden in handliche Stücke und Warenkataloge oder Kalenderblätter blieben oft das bevorzugte Reinigungsutensil für den Hausgebrauch. Das in den 1950er-Jahren in Frankreich vermarktete festere Papier „bulle-corde lisse" war kratzig, trotz *lisse* (glatt) im Namen, wurde bald durch „Krepp" ersetzt und seit den 1970er-Jahren durch Zellstoff. Heute ist Klopapier in allen Varianten zu haben: einlagig, zweilagig, dreilagig, vierlagig, gemustert, farbig, parfümiert ... Was papieraffine WC-Nutzer begeistert und Umweltschützer in die Verzweiflung treibt.

▲
Rekonstruktion eines *xylospongium*, das unverzichtbare Zubehör der Römer bei ihrem Latrinenbesuch.

▶
Hölzerne Toilettenstäbchen, *chūgi* genannt, aus der Nara-Periode (8. Jahrhundert), Japan.

▲
Das Toilettenpapier, 1857 erfunden, ist heute in vielen Farben und Stärken erhältlich.

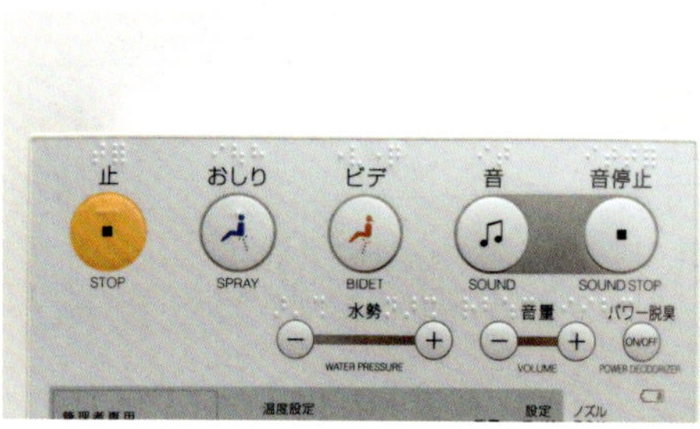

Panel zum Bedienen eines „Dusch-WCs", Spitzenprodukt des japanischen Herstellers Toto.

SensoWash® Starck von Duravit lässt sich komplett per Fernbedienung steuern: Öffnen des Deckels, Klobrillenheizung, Duschstrahl auf Wunsch, individuelle Einstellungen und Speicheroptionen …

TOILETTEN MIT MULTI-OPTIONSFUNKTION

Wenn wir schon ein kleines Vermögen für die neue Toilette ausgeben, sollten Komfort und Innovation Vorrang haben: geruchlos, papierlos, antihaftbeschichtet, antibakteriell … Japanische Toiletten haben all dies bereits im Angebot. Wenn Hightech im stillen Örtchen Einzug hält, bedarf es manchmal einer ausführlichen Bedienungsanleitung …

Die japanische Duschtoilette fand im Land der aufgehenden Sonne den idealen Standort für ihre Weiterentwicklung, im Sinne von „gebt dem Kaiser, was des Kaisers ist." Dabei stammt die Erfindung, die unter dem Namen *Washlet*™ (eingetragenes Warenzeichen) bekannt ist, de facto aus der Schweiz. Die auf Sanitärwaren spezialisierte Schweizer Marke Geberit entwickelte eine Bidet-Toilette mit Düsen für die Intimwäsche, die sie 1978 auf den Markt brachte. Es war, den Verkaufszahlen nach zu urteilen, ein kommerzieller Reinfall. Bereits 1980 wurde dieses Konzept allerdings in Japan gesichtet, wo es der Hersteller Toto zu seinem, diesmal sehr erfolgreichen, Hauptprodukt machte. Das Dusch-WC revolutionierte die traditionelle japanische Toilette, eine leicht abgeänderte Version des Hockklos, wobei man aber der Tür den Rücken zuwandte. Das *Washlet*™ ist sozusagen die WC-Version 2.0: papierlos, programmierbar, individuell einstellbar, mit integrierter

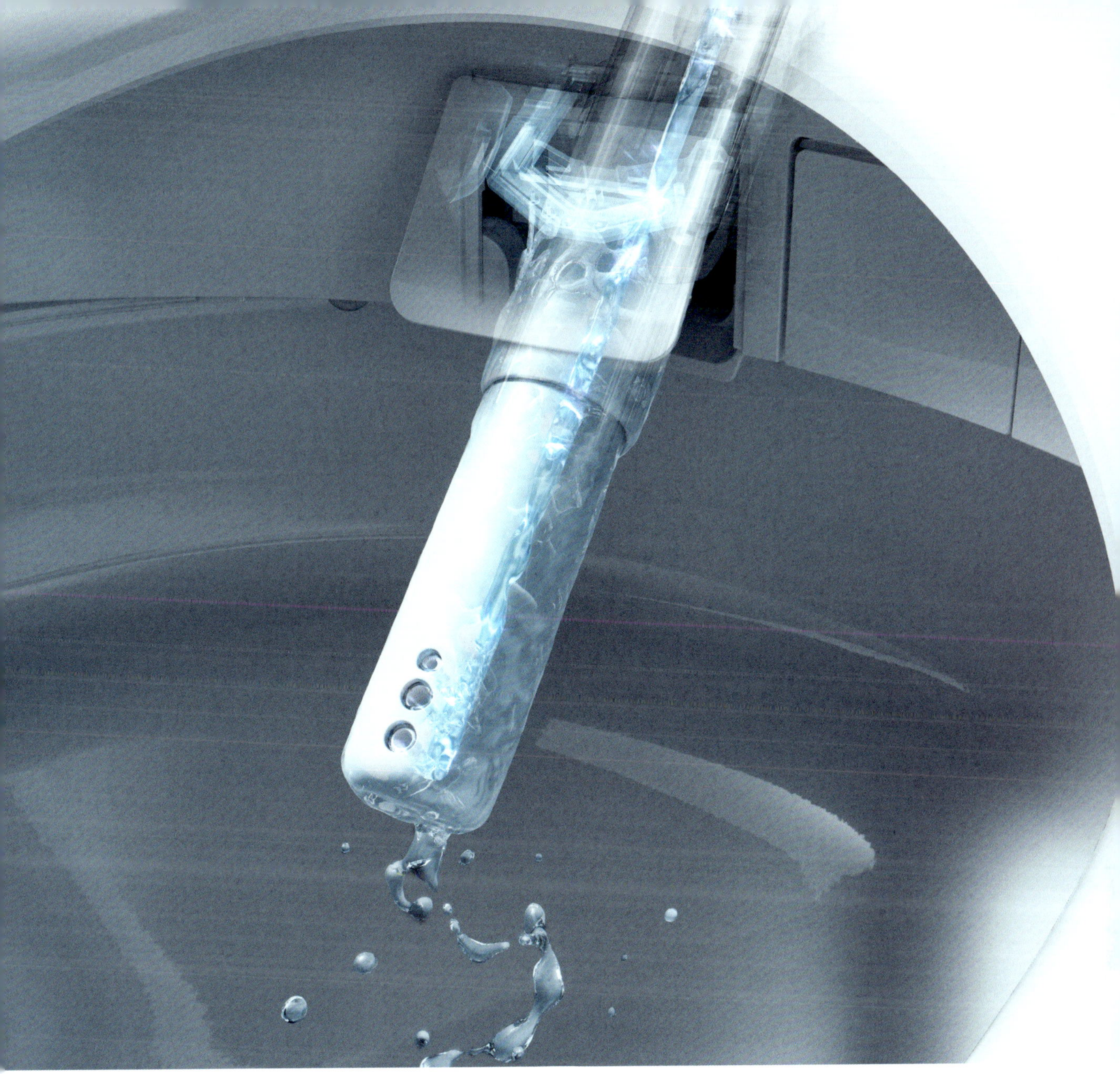

▲
Teleskop-Duschstab, eine Revolution auf dem Gebiet der Duschtoiletten.

Sitzheizung, lauwarmem Wasserstrahl und Belüftung. In dem Land der Benimm- und Verhaltensregeln sind Sauberkeit und Scham zwei Seiten derselben Medaille. Die Japaner statten ihre Toiletten gerne mit einem nicht unwesentlichen Zusatzmodul aus, das im Handel meist unter dem Namen „Otohime", benannt nach einer Göttin aus der Mythologie, vertrieben wird: Es handelt sich dabei um einen Lautsprecher, der auf Knopfdruck Wasserspülgeräusche von sich gibt, um etwaige peinliche Körpergeräusche zu übertönen. Aus Gründen der Sauberkeit stehen in Japan außerdem Spezialpantoffeln bereit. Sie werden nur am stillen Örtchen getragen und nach dem Toilettengang wieder vor der Tür abgestellt, um für eine klare Trennung zwischen reinen und unreinen Bereichen im Haus zu sorgen. Ein Sanitärartikel also, der unter keinen Umständen mit einem Modeaccessoire verwechselt werden sollte.

▲
Washlet™, der eingetragene Name der Firma Toto aus Japan, ist schon fast zum Synonym für das Dusch-WC geworden.

▶
Japanische Lebenskunst: Toilettenpantoffeln, *toire surippa*, werden ausschließlich während des WC-Besuchs getragen und bleiben bei Nichtgebrauch vor der Klotür stehen.

Klodeckel mit Absenkautomatik, nächtlicher Beleuchtung und Fernbedienung; die moderne Toilette wird zur besten Freundin der Frauen und Männer.
◄ ▼

DAS PLUMPSKLO
HINTEN IM GARTEN

Zum Abschluss unseres kleinen Designrundgangs zu den großen Toilettenkategorien verweilen wir einen Augenblick vor einem besonders ländlichen WC-Typus: dem Plumpsklo.

Als ob wir die malerische *Outdoor*-Toilette vergessen könnten. Sie ist Statement, Konzept und stilles Örtchen in einem ... ein Überbleibsel aus uralten Zeiten! Vier Bretter, ein Dach und eine Tür mit lustiger Aussparung zwecks Licht und Belüftung, innen ein Sitz über der Grube: das Plumpsklo – im Englischen *outhouse*, in Québec *bécosse*, im Französischen *cabane* oder *latrines*. Im Prinzip gibt es das Plumpsklo heute entweder als umweltfreundliche Trockenvariante (nichts Neues also!) oder als moderne Version, bei der die Fäkalien unter dem Toilettenhaus aufgefangen, kompostiert und zum Düngen der Vegetation auf dem Klodach eingesetzt werden. Nach dieser Methode funktioniert auch das *Z-Bioloo* von Zeltini, der Rolls Royce unter den Gartenklos. Wie bescheiden ist dagegen unser gutes altes Plumpsklo, landschaftlich eine Zierde und architektonisch das wohl prosaischste Bauwerk seit der Renaissance.

◄ *Z-Bioloo* von Zeltini, Trockenklo-Variante aus dem 21. Jahrhundert für die Gartenecke ... Aussicht inklusive.

▲

Z-Bioloo funktioniert als geschlossener Kreislauf: Die Ausscheidungen werden kompostiert und als Dünger für Pflanzen und Duftblumen auf dem Dachgärtchen eingesetzt. Parallel wird die Gartenluft angesaugt und der frische Blumenduft in den Innenraum geleitet.

◀

Der Türausschnitt sorgt im Inneren für etwas Licht und Frischluft.

▲

Harmonisch fügt sich das schlichte Gartenklo in jede Landschaft ein.

Inmitten von Blumen und Bäumen wird das Plumpsklo in der Gartenecke zu einer Zierde, wie früher die märchenhaft anmutenden Klohäuschen der öffentlichen Parkanlagen.

▼ ▶

Dies ist zweifellos eines der wenigen Klohäuschen, die in den USA unter Denkmalschutz stehen! Die berühmte Geisterstadt Bodie in Kalifornien ist als National Historic Landmark ausgewiesen.

▼

OBJEKT DER SCHÖNEN KÜNSTE

Kunst und Toiletten, was hat das miteinander zu tun? Nicht missverstehen: Wir reden hier nicht von Postern oder anderer Dekoration, mit denen wir unsere Klowände verschönern, etwa Delfine in türkisblauem Meer, irgendwelche anrüchigen Sprüche oder Einmaleins-Tabellen ... Nein! Es geht um die Art und Weise, wie dieses große Tabuthema in den verschiedenen Kunstformen seinen Ausdruck findet.

DIE TOILETTE ALS LITERARISCHES SUJET

Manche Schriftsteller, talentierte ebenso wie weniger bekannte, schreiben schillernd und sehr anschaulich über die behaglichen Stunden auf dem Lokus. Eine Auslese.

Die Literaten nahmen sich im Mittelalter dem Thema „Toilette“ an, das zur Zeit von Rabelais im 16. Jahrhundert einen Höhepunkt erreichte. Beispielhaft seien hier die Verse des Dichters Gilles Corrozet aufgeführt, der schneller wieder in Vergessenheit geriet als sein poetisches Thema. 1539 widmete er dem stillen Örtchen ein handfestes Gedicht mit dem Titel *Blason de la chambre secrète, ou retraict,* das es verdient, hier vollständig in einer deutschen Übersetzung zitiert zu werden:

Stilles Örtchen mit Komfort,
ob in der Stadt, ob auf dem Feld,
keiner sucht dich grundlos auf,
nur wenn der Darm ihm überquellt.

Stilles würdevolles Örtchen,
wo Hintern majestätisch schweben,
niemand mag dich inspizieren
oder gar den Deckel heben.

Denn rundheraus besteht Gefahr,
für Publikum und Leserschar,
dass deine allzu strengen Düfte
verpesten uns die guten Lüfte
und, danach werd' ich wahrlich schweigen,
in unser aller Nasen steigen.

Sowohl Michel de Montaigne als auch Martin Luther klärten uns bereitwillig und ohne Tabu über ihre intimen Gepflogenheiten und die damit einhergehenden Annehmlichkeiten auf. Auch der seriöse Erasmus von Rotterdam soll hier erwähnt werden. Er veröffentlichte 1530 ein erstes Handbuch mit Benimmregeln, schlug einen neuen Weg, nämlich den der Diskretion ein und schrieb, man solle „Winde durch schamhaftes Husten übertönen.“ Ihm folgten bis ins 19. Jahrhundert eine ganze Reihe anderer Moralisten, allesamt „Tugendväter“ einer prüde gewordenen Epoche.

Einen Schriftsteller allerdings gab es, der ohne Zaudern sein – qualitativ und quantitativ – gigantisches Werk mit Anspielungen auf Aborte und Pissoirs versah: Marcel Proust. Gleich mehrere Protagonisten aus seiner Armee an Romanfiguren zeigen einen gewissen Hang zur Fäkalsprache.

Ein paar Jahre nach Prousts Tod kehrten die Urinale auf die literarische Bühne zurück, diesmal jedoch, ohne sich zu verstecken. 1934 veröffentlichte Gabriel Chevallier sein satirisches Werk *Clochemerle.* Die erfolgreiche Novelle, die in rund dreißig Sprachen übersetzt und mehrfach verfilmt wurde, handelt von dem Vorhaben des Bürgermeisters von Clochemerle, ein öffentliches Pissoir – pardon, eine Vespasienne – auf dem zentralen Dorfplatz zu errichten, und zwar nahe (zu nahe?) der Kirche, was besonders dem Pfarrer missfällt. Kein Wunder, dass sich gleich mehrere französische Gemeinden darum rissen, dem fiktiven Örtchen Clochemerle als Vorlage gedient zu haben. Im Jahr 1956 wurde dieser Titel offiziell dem Dorf Vaux-en-Beaujolais verliehen, wo man zu diesem Anlass eine Gedenktafel enthüllte.

▲
„Etwas hängt wie ein Scheißhaus über dem Graben" und „Zwei scheißen durch dasselbe Loch". Über 100 flämische Sinnsprüche und Redewendungen sind in diesem Gemälde illustriert; Ausschnitt aus *Die niederländischen Sprichwörter* von Pieter Bruegel dem Älteren, 1559; Gemäldegalerie in Berlin.

▲
Das Dorf Vaux-en-Beaujolais soll Gabriel Chevallier als Vorbild zu seinem satirischen Roman *Clochemerle* gedient haben.

▲
Marc Martin, *Proust aux Tasses;* Ergänzung zu seinem Buch *Les Tasses, Toilettes Publiques – Affaires Privées,* Éditions Agua, 2020 (deutscher Titel: *Fenster zum Klo. Hommage an den Klappensex*)

AUF DER SUCHE NACH DEN PISSOIRS

Proust-Fans sollten besser rasch weiterblättern, bevor ihr Idol vom Sockel stürzt! Unverfroren hat Marc Martin mit *Les Tasses* den von gewissen Kreisen frequentierten Pissoirs in Paris und anderen Städten nicht nur einen schönen Bildband gewidmet, sondern dazu noch einTriptychon aus digitalen Collagen gestaltet. *Auf der Suche nach der verlorenen Zeit* heißt das etwa 3000 Seiten starke Hauptwerk der französischen Romanliteratur von Marcel Proust, in dem Martin Anspielungen aufgespürt hat, die bei einer ersten Lektüre vielleicht überlesen werden. Von der Annahme einer homosexuellen Kodierung in diesem vieldeutigen Roman ausgehend, enthüllt Martin zahlreiche neue Verweise: Da gibt es die umgangssprachlich als „tasses" („Tassen"), bezeichneten öffentlichen Urinale, die „Teetrinker", die sich dort zu körperlichen Begegnungen einfinden, oder die weltberühmte Episode mit der Madeleine, dem französischen Gebäck, das der Erzähler in die Teetasse tunkt. Im berühmten Haus von Tante Léonie lässt Proust seine Leser an den Aktivitäten teilhaben, die er im stillen Örtchen auf der Etage vollzieht. Oder er schildert detailliert seine Begegnung mit der „Marquise", der *Dame Pipi* am Klohäuschen auf den Champs-Élysées, wo ein „frischer Muffgeruch" herrscht. Marc Martins Publikation ist elegant, amüsant und kurzweilig, doch nicht unbedingt etwas für jeden Geschmack.

KUNSTSKANDALE
RUND UM DAS KLOSETT

Als die Toilette in die damals noch beschauliche akademische Welt der Künste eintrat, schlug dies Wellen wie ein ins Wasser geworfener Pflasterstein. Marcel Duchamp betrat die Szene und erhob die Toilettenschüssel in den Rang eines Kunstobjekts – nicht ohne Skandal.

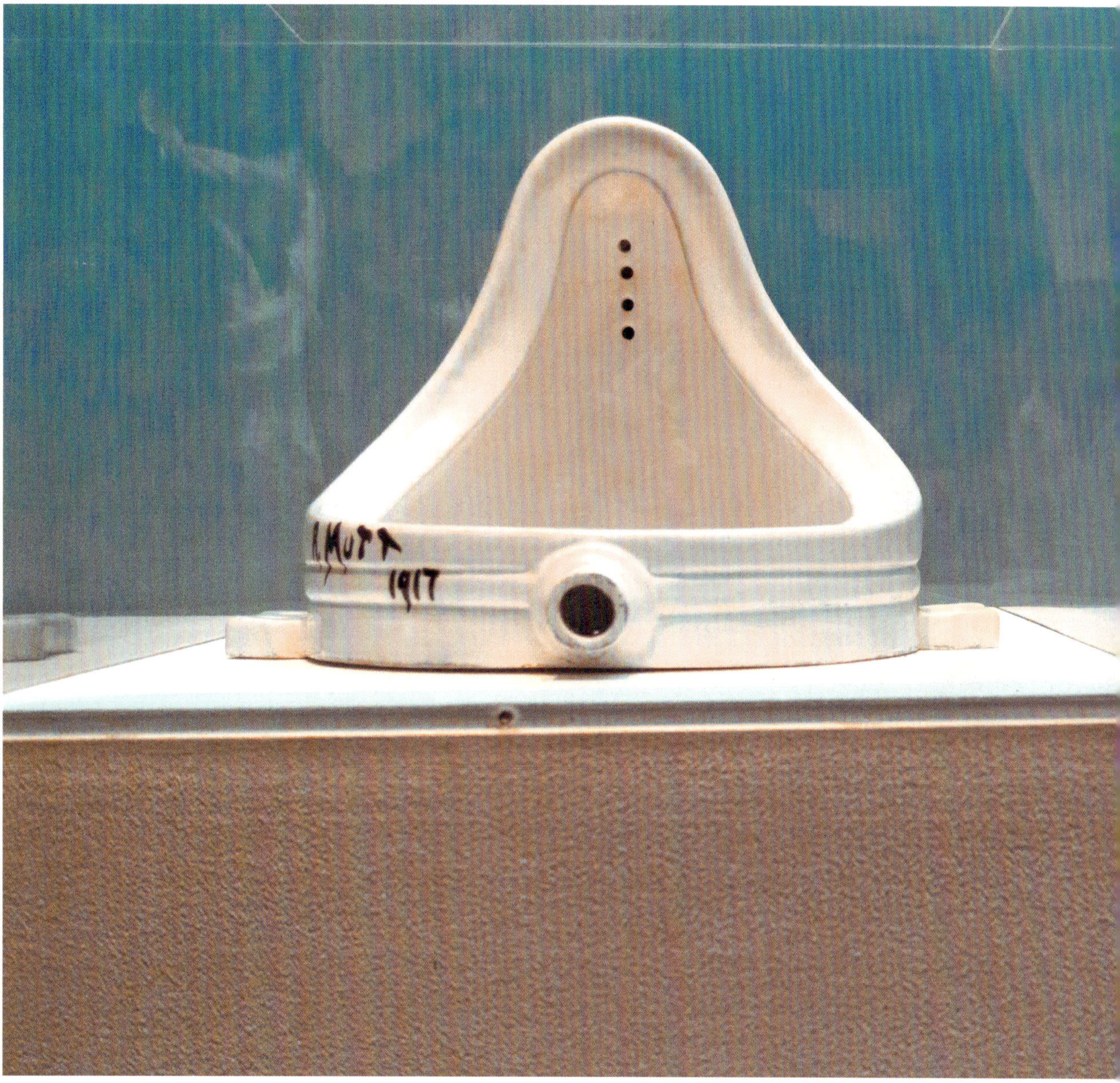

Für die große Ausstellung der Society of Independent Artists in New York 1917, deren Mitglied er war, reichte Marcel Duchamp unter einem Pseudonym ein provokantes Werk ein: ein handelsübliches Urinal aus dem Sanitärgeschäft, mit schwarzer Signatur R. Mutt und datiert, um 90 Grad gekippt aufgestellt. Die Künstlervereinigung, deren oberstes Ziel es war, keinen Künstler abzulehnen, wies dieses Objekt zurück mit der Begründung, dass es kein Kunstwerk sei! Duchamps „Ready-made" wurde zur Legende … und verschwand von der Bildfläche. Wahrscheinlich hatte es der mit Duchamp befreundete Kunsthändler Alfred Stieglitz auf den Müll geworfen. Erst 1964 wurden unter der Regie des Künstlers nach Fotos des Originals Repliken angefertigt. Seitdem kann man diese Urinale mit dem Titel *Fountain* in einigen namhaften Museen weltweit bewundern. Doch wie andere große Meisterwerke auch, darunter Leonardo da Vincis *Mona Lisa* oder Michelangelos *Pietà*, führen auch Duchamps Urinale ein bewegtes Leben. Ein Skandal provoziert den nächsten, und so geschah es, dass 1993 Pierre Pinoncelli, ein angriffslustiger Aktionskünstler, bei einer Ausstellung zum Thema „Das Objekt in der Kunst des 20. Jahrhunderts" auf eine *Fountain* von Duchamp urinierte und ihr ein paar Hammerschläge verpasste. Kunst besänftigt nicht immer die Sitten.

▲ *Fountain [After Marcel Duchamp]*, polierte Bronze von Sherrie Levine, 1991 (Norah and Norman Stone Collection).

◀ *Fountain*, das erste „Ready-made" der Kunstgeschichte, gestaltet 1917 von Marcel Duchamp.

▲
Die Plastik *America* aus Massivgold von Maurizio Cattelan war im Schloss Blenheim Palace, Großbritannien, als Teil einer Werkausstellung installiert, als sie am 14. September 2019 geraubt wurde.

QUELLEN DER **INSPIRATION**

Nach ihrem aufsehenerregenden Debüt auf der Weltbühne der Kunst sind die Toiletten nicht mehr wegzudenken. Manche Künstler wandeln auf Duchamps Spuren, andere wiederum gehen ihre eigenen Wege.

Im Jahr 1991 präsentierte Sherrie Levine ihre Skulptur *Fountain*. Das Urinal in polierter Bronze, mit dem sie Duchamp unmittelbar zitiert, reiht sich ein in das Gesamtwerk der Künstlerin, die bereits bekannt ist für ihre „Aneignungen" und Auseinandersetzung mit der Frage der Originalität von Kunstwerken. 2016 bot der Italiener Maurizio Cattelan seine Version oder Vision der Sache an: Seine Installation *America* im Solomon R. Guggenheim Museum ist nichts Geringeres als eine WC-Schüssel und Rohrleitungen aus 18 Karat Massivgold. Die Toilette darf betreten und benutzt werden, mit Reservierung und einem Security-Mitarbeiter vor der Klotür. Das Werk ist eine Verurteilung der Exzesse auf dem Kunstmarkt und ein Angebot für die nie dagewesene Intimitätserfahrung mit dem Kunstobjekt. Das Ende der Geschichte ist bekannt: Für eine temporäre Ausstellung wurde *America* im Blenheim Palace in England installiert. Am 14. September 2019 wurde das 103 Kilogramm schwere Kunstwerk, dessen Wert von einigen auf über eine Million Euro geschätzt wird, gestohlen. Der Kunstraub aus diesem Palast, in dem Winston Churchill geboren wurde, hatte einen Wasserschaden zur Folge und gilt als medienwirksamster Toilettenraub der Geschichte. Shocking!

Preiswerter ist das 2017 erschaffene Kunstwerk der australisch-amerikanischen Künstlerin Illma Gore, die vierundzwanzig Handtaschen der Marke Louis Vuitton zum Preis von je 2000 Euro zerschnitt (opferte, schreien manche!) und sie zu einer WC-Schüssel mit Spülkasten und Deckel verarbeitete. Diese ganz und gar funktionsfähige Toilette aus braunem Leder und Stoff mit Monogramm ist für 100 000 Dollar zu erwerben. Vielleicht eine künstlerisch-humorvolle Anklage an die Luxusindustrie, die an diesem stillen Örtchen ihr Leben aushaucht?

Das Künstlerduo Daniel Dewar und Gregory Gicquel, 2012 Preisträger des prestigeträchtigen Prix Marcel Duchamp (wer hätte das gedacht?), entwickelte seine ganz eigene Vision des Themas: Ähnlich der mächtigen *Gefangenen* aus Carrara-Marmor von Michelangelo erschufen auch Dewar und Gicquel ihre Sanitärelemente als Badezimmer-Monolithe aus Blöcken von portugiesischem Marmor. Neben Waschbecken oder Kloschüsseln wachsen aus den rosa geäderten Marmorblöcken außerdem maskuline Körperglieder empor. Mit ihrer monumentalen Werkreihe *Nudes* stellen sie Toiletten mit der antiken Bildhauerei auf eine Stufe.

Dies führt uns zu Yoshua Okón und Santiago Sierra und ihrer Toilettenversion, die sie 2017 der Öffentlichkeit vorstellten: eine Schüssel aus verchromter Bronze, die geformt ist wie das Gebäude des Soumaya-Museums in Mexiko-Stadt, die größte private Kunstsammlung Lateinamerikas und der „Gipfel des schlechten Geschmacks" laut Aussage dieser beiden Künstler. Von der bildenden Künstlerin und Libanesin Nada Sehnaoui stammt das Werk *Haven't 15 Years of Hiding in the Toilets Been Enough?* („Waren 15 Jahre Verstecken auf der Toilette denn nicht genug?") eine Installation aus 600 gitterförmig angeordneten Kloschüsseln auf dem Märtyrerplatz von Beirut, im Herzen der Altstadt.

Und im Rahmen seiner Serie *Specimen* bescherte uns 2013 der südkoreanische Künstler Do-ho Suh Toiletten aus transparentem Polyestergewebe, die von großer poetischer Ausstrahlung sind.

Nudes VII,
Skulpturen aus portugiesischem rosafarbenem Marmor, von Daniel Dewar und Gregory Gicquel, 2018.

Ansichten der Installation *Haven't 15 Years of Hiding in the Toilets Been Enough?* („Waren 15 Jahre Verstecken auf der Toilette denn nicht genug?“) von Nada Sehnaoui, Beirut, 2008. 600 Kloschüsseln prangern den Bürgerkrieg an, in dem sich viele Zivilisten aus Angst vor den Bomben in Toilettenräumen versteckt hielten.

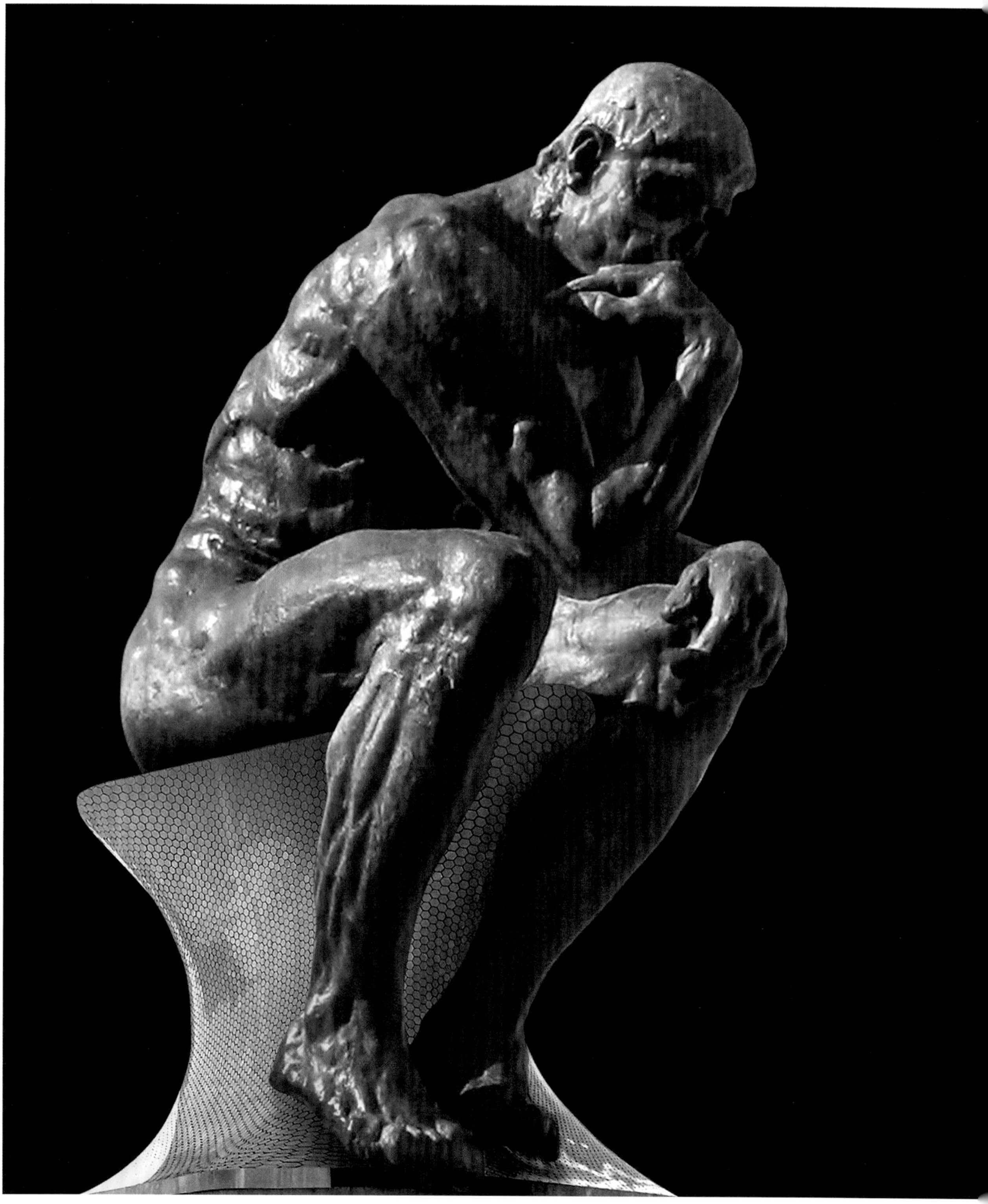

▲
The Toilet von Yoshua Okón und Santiago Sierra, 2017. Das provokante Kunstwerk (hier als Installation und Fotografie) imitiert haargenau die Gebäudeform und Gestalt des Soumaya-Museums in Mexiko-Stadt. Der Museumsbau wiederum ist dem Sockel der Plastik *Der Denker* („Le Penseur") von Auguste Rodin nachempfunden, die bei dieser Installation auf dem Kunstwerk platziert ist.

▲
Toilet, Appartment A, 348 West 22nd Street, New York, NY 10011, USA, 2013; Installation von Do Ho Suh (Polyestergewebe, Edelstahldraht und beleuchtete Glasvitrine). In der Serie *Specimen* stellt der Künstler Elemente aus seinem Alltag und von ihm bewohnte Räume nach.

Für ihr 2017 entstandenes Kunstwerk zerschnitt Illma Gore insgesamt vierundzwanzig Louis-Vuitton-Handtaschen mit LV-Monogramm.
▼

Alfred Hitchcock und Janet Leigh beim Dreh des Thrillers *Psycho* (1960). Zum Skandal wurde die legendäre Badezimmerszene wegen der Toilette in Großaufnahme, nicht wegen ihrer Brutalität! ▶

IM VISIER DER KAMERA

Kino und Fotografie können bei dieser großen Sanitärparade durchaus Schritt halten. Erstaunt finden wir heraus, dass Toiletten schon im 19. Jahrhundert für die Kamera herausgeputzt wurden.

Charles Marville, der als Fotograf für das Louvre-Museum, für Kaiser Napoleon III. und auch für die Stadt Paris tätig war, machte offenbar den Anfang. In seiner 1862 fertiggestellten Fotoserie über Neubauten und Stadtmobiliar der französischen Hauptstadt nahmen die Vespasiennes, Urinale und Klohäuschen eine herausragende Stellung ein. Später richtete Robert Doisneau den Blick und das Objektiv auf die Schultoiletten. Und vor nicht langer Zeit präsentierte der oben erwähnte Künstler Marc Martin ein Buch und die Ausstellung *Les Tasses, toilettes publiques – affaires privées* (deutscher Titel: *Fenster zum Klo. Hommage an den Klappensex*).

Im Kino ließ die Toilette länger auf sich warten, doch dann sorgte ihr erster richtiger Auftritt für ziemliche Aufregung. Zum allerersten Mal erlebten Kinobesucher 1960 auf der großen Leinwand eine Toilettenspülung in Aktion, als Janet Leigh ein Stück Papier ins Klo wirft ... und in einer folgenden Szene brutal in der Dusche ermordet wird. Der Film *Psycho* brachte Alfred Hitchcock großen Unmut ein, allerdings war es die berühmte Klospülung und nicht

▲
Auf der Toilette von einem Tyrannosaurus rex gefressen? Im Film *Jurassic Park* (1993) ist alles möglich.

Szene im Filmdrama *Das Gespenst der Freiheit* von Luis Buñuel (1974): Die Gäste nehmen auf Kloschüsseln Platz.
▶

die blutrünstige Mordszene, die bei den Zuschauern für Empörung sorgte. Vierzehn Jahre später stellte Luis Buñuel in Das *Gespenst der Freiheit* die Ordnung der Dinge komplett auf den Kopf, als in einer satirischen Szene die Gäste auf WCs um den Tisch Platz nehmen und wie selbstverständlich ein Gespräch über Körperausscheidungen beginnen, während sie angewidert das Essen kommentieren. Dann ziehen sie sich nacheinander in einen kleinen Raum am Flurende zurück, um dort diskret ihr Essen zu verspeisen. Seitdem zeigen Filmemacher das Unzeigbare ohne Hemmungen. Gespielt wird mit Groteskem, mit physischen Alltäglichkeiten (Blähungen der großartigen Julianne Moore in *Maps to the Stars* von David Cronenberg) oder die Toilette selbst wird zum Handlungsträger, mit Kloputzkolonnen oder Raufereien, die kopfüber in der Schüssel enden, mit Drogenpäckchen im Abfluss und sogar mit dem Angriff eines T. rex auf dem Klo ...

CAFÉ DES GOURMETS
TOUTES LES BOITES DOIVENT ÊTRE SCELLÉES PAR UNE BANDE PORTANT LE NOM:
TRÉBUCIEN ET FILS
CHOCOLAT MENIER
MAISON LEGUERRIER
VINS FINS
CAVES LEGUERRIER
60, RUE Mr LE PRINCE, 60
VINS en Nature
à 60, 70, 80 & 1F
LE LITRE.
Vins fins, Liqueurs & Spiritueux

Mehrere Vespasiennes in Paris, 1862; die Aufnahmen stammen von Charles Marville, der als „amtlicher Photograph“ im Auftrag der französischen Hauptstadt die Pariser Neu- und Umbauten fotografierte.

▲
Zimmerklosetts mit integrierten Nachttöpfen, in Samt eingefasst (Ende 19. Jahrhundert); Museum für historische Sanitärobjekte *Klo & So* im Kammerhof, Gmunden, Österreich.

TOILETTENMUSEEN,
MUSEUMS-TOILETTEN

Als die Toilette auf den noblen Etagen der Museen Einzug hielt, war der Schritt nicht mehr weit, dass sich die Museen der Toilette als Exklusivthema annahmen. Inzwischen gibt es Toilettenmuseen auf jedem Kontinent. Interessierte können zwischen den Reisezielen wählen.

Es gibt seriöse und weniger seriöse Einrichtungen, die sich als Museum verstehen und sich voll und ganz dem Thema verschrieben haben. Manche richten den Fokus auf spezielle Gebiete, über die man sich vorab erkundigen sollte: Da ist z. B. das Toilet Seat Art Museum in San Antonio (Texas, USA), das seinen 2019 verstorbenen Erbauer Barney Smith überdauert; zu sehen ist eine Sammlung mit über 1400 Klodeckeln, die dieser eigenhändig gestaltete. Am Rande erwähnt sei das National Poo Museum auf der englischen Isle of Wight, dessen Name schon mehr als genug verrät (Poo bedeutet Scheiße auf Deutsch) und in dem die Toilette letztlich nur eine Nebenrolle spielt. Keramikfans bevorzugen Österreich als Reiseziel. Das Museum Klo & So in Gmunden, aus der Sanitärfirma Laufen hervorgegangen, trägt den Zusatz „Stille Orte, stille Zeugen, Kulturgeschichten rund um Klo & Bad." Dort lassen sich über 200 Exponate ab dem 18. Jahrhundert bis hin zu jüngsten Erfindungen bewundern. Auch die seit 1917 bestehende Sanitärfabrik des Japaners Toto hat ihr firmeneigenes Museum. Eingerichtet in einem hochmodernen und umweltfreundlichen Gebäude in Fukuoka, präsentiert die Ausstellung neben Markengeschichte und -philosophie auch die WC-Fertigung und Verkaufsschlager (das *Washlet*™ als Bestseller), unterteilt nach geografischen Gebieten. Bei einer Reise auf den Indischen Subkontinent besichtigen wir in Delhi das Sulabh International Museum of Toilets in Delhi, das vom Time Magazine in der Klassifizierung „merkwürdigste Museen der Welt" mit dem dritten Platz ausgezeichnet wurde. Die äußerst umfangreiche Ausstellung blickt vermeintlich auf vier- oder fünftausend Jahre Toilettengeschichte zurück. Das Museum der Toilettengeschichte in Kiew, Ukraine, erschaffen von Mykola Bogdanenko, Inhaber eines Klempnergeschäfts, hat eindeutig dieselbe Bestimmung. Und schließlich gehört zu unserem kleinen Toiletten-Rundflug auch der Halt im südkoreanischen Suwon. Dort befindet sich das Haus von Sim Jae-duck, der sich für die „Toilettenrevolution" in seinem Heimatland stark machte. Sein Wohnhaus, heute Museum, hat die Gestalt einer überdimensionalen Kloschüssel.

Doch nun sollten wir auch den Museumstoiletten ein paar Zeilen widmen, die klassisch, luxuriös, funktional und manchmal auch kreativ gestaltet sind. Die Toilettenanlage im Museum M HKA in Antwerpen, die der Künstler Robert Filliou ursprünglich für ein Projekt in Mönchengladbach im Jahr 1969 erschaffen hatte, war eine der ersten Installationen, die dieses Museum für zeitgenössische Kunst der Öffentlichkeit präsentierte. Von ganz anderem Design ist die Toilette im John Michael Kohler Arts Center in Sheboygan (Wisconsin, USA), welches die führende US-amerikanische Klempner- und Sanitärfirma ins Leben rief. Die Toiletten in diesem Art Center wurden von mehreren Künstlern konzipiert und demonstrieren in schillernder Weise die Möglichkeiten der Zusammenarbeit von schöpferischem Gewerbe (Kunstwerk) und Industrie (Toilette).

Zum Abschluss unserer kleinen Weltreise nehmen wir Kurs auf die Stadt Kawakawa in Neuseeland. Der 1999 fertiggestellte Toilettenbau des Österreichers Friedensreich Hundertwasser ist ein Gesamtkunstwerk und seit der Eröffnung eine echte Touristenattraktion.

▲
Mr Toilet House: ehemaliges Wohnhaus von Sim Jae-duck (1939–2009), heute ein Museum, in Suwon, Südkorea.

▶
Im Toilettenmuseum des japanischen Fabrikanten Toto in Fukuoka treffen Vergangenheit und Moderne aufeinander.

Barney Smith in seinem *Toilet Seat Art Museum* in San Antonio, USA, mit über 1400 selbstgestalteten Klodeckeln.

Unterhaltsam und instagramtauglich: Im Unko Museum in Odaiba, Tokio, Japan, dreht sich alles um Fäkalien.

▶
Urinale aus Keramik des Künstlers Matt Nolen im Kohler Arts Center in Sheboygan, Wisconsin.

▲ ▶
Damen, Herren, Künstler: Toiletteninstallation im M HKA (Museum für zeitgenössische Kunst, Antwerpen), realisiert nach einem Projekt aus dem Jahr 1969 des Künstlers Robert Filliou, mit Projektskizze und finaler Umsetzung.

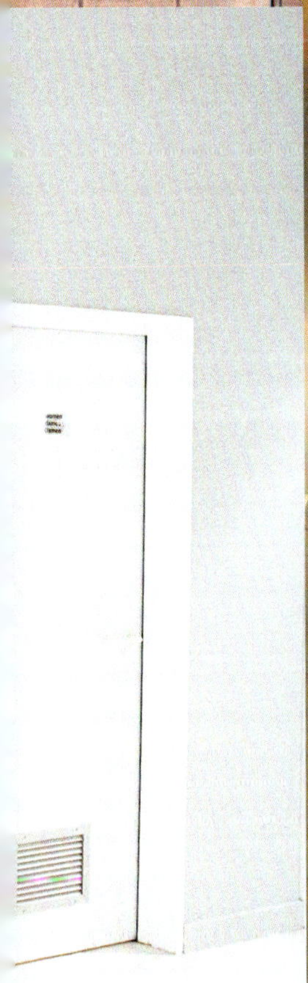

▲
Goldener Glanz in der Toilette der Fondazione Prada in Mailand, Italien.

Öffentliche Toiletten als Gesamtkunstwerk: die *Hundertwasser-Toilette* in Kawakawa, Neuseeland, gestaltet 1999 von dem Österreicher Friedensreich Hundertwasser.

Ein Auge wacht über diese Toilette, Papalote Mexican Grill in San Francisco (USA).

GRAFFITI UND LATRINALIA

Bleiben noch die Graffiti. Dass diese Kunstform untrennbar mit öffentlichen Toiletten verbunden ist, hat sicher jeder selbst schon erkannt. Das Thema wäre eine Dissertation wert, doch wir können es hier nur streifen und um ein paar hübsche Bilder ergänzen.

Naive Gravuren, hastig dahingekritzelte Zeichnungen, lapidare Botschaften, Gedanken und Verse, dubiose Witze, politische Parolen, Telefonnummern oder unzweideutige pornografische Einladungen ... Auf öffentlichen Toiletten ist alles geboten! Graffiti gilt als eigenständige Kunstgattung (bzw. als Vandalismus, wenn nicht an den eigenen vier Wänden ausgelebt). Und da diese Ausdrucksform so alt ist wie die Latrinen selbst, hat sie auch einen eigenen Namen verdient. Ein Professor an der US-amerikanischen Universität Berkeley, Alan Dundes, hat sich der Sache angenommen und den angelsächsischen Begriff für die Klospruchkunst geprägt: *Latrinalia*. Dieser hübsche Fachausdruck ist in den sozialen Netzwerken zum beliebten Hashtag geworden. Wer lieber in einem echten Buch mit Papierseiten blättert, dem sei das Werk *Sex Graffiti* aus dem Jahr 1979 eines gewissen Ernest Ernest ans Herz gelegt, der mit großer Geduld 15 000 öffentliche Klosprüche zusammensuchte und niederschrieb.

▲
„Hinterlassenschaften“ des Street-Art-Künstlers Jérôme Mesnager im Luftschutzbunker Sainte-Anne in Paris (Frankreich).

DIE SACHE BEIM NAMEN NENNEN

Wie sagt man bloß? Die Angelegenheit wird hinter vorgehaltener Hand besprochen, wir reden in Metaphern oder wählen nette Umschreibungen ... Die Tabuisierung der Toilette bescherte ihr einige Beinamen und zum Teil kuriose Wortschöpfungen. Im Notfall reicht auch ein simples Piktogramm. Es folgt eine kleine lexikalische und grafische Studie.

▲

Cabinets inodores à 5 cts – „Geruchsfreie Toiletten zu 5 Centimes“ – lautet die Aufschrift. Ihre Nutzung ist nicht umsonst, daher wird für das öffentliche WC mit überzeugenden Argumenten geworben (Paris 1865).

ANDERE LÄNDER, ANDERE BEGRIFFE

Wie kommt das unscheinbare stille Örtchen – der kleinste oder, wie manche sagen würden, der unfeinste Raum des Hauses – zu so vielen verschiedenen Namen und Umschreibungen?

Ganz gleich, in welchem Land, in welcher Region und in welcher historischen Epoche auch immer, man musste diesem „Örtchen" einen Namen geben. Bei den Römern war das noch kein Problem: Im *Circus* schaute man sich Spiele an, im *Macellum* kaufte man sein Gemüse ein, auf dem *Forum* informierte man sich … und in den *Balneae* oder *Thermae* widmete man sich der Körperpflege. Dort verbrachte man einen Teil des Tages in Gemeinschaft mit anderen und suchte bei der Gelegenheit auch die *Latrinae* auf. Dieser Ort war ideal, um sich über die letzten Neuigkeiten der Stadt auszutauschen und während der Notdurftverrichtung das ein oder andere wichtige Geschäft abzuschließen. Die Latrinen waren nicht nur öffentlich, sondern vor allem auch kollektiv: Warum also sollte man diese nicht auch beim Namen nennen?

Die Antike kannte weder Komplexe noch falsche Scham und vermachte dem Mittelalter das entsprechende Vokabular. Mit Latrine bezeichnete man weiterhin den Ort, der zur körperlichen Erleichterung vorgesehen war. Das konnte ebenso ein Erkerzimmer im Herrenhaus oder Schloss sein wie ein großer Gemeinschaftsraum in einer Abtei. *Camera privata* als Bezeichnung für die Kammer, in die man sich ins Private zurückzog, prägte den Begriff *Privet* bzw. *Privé*. Das Wörtchen *Garderobe* verwies im 16. und 17. Jahrhundert u. a. auch auf die Toilette neben dem Schlafzimmer, denn darin fand außer der Kleidung auch der Klostuhl Platz. Geläufig war auch die *Retirade* (frz. „Rückzug").

Da es die Nachbarn nördlich des Ärmelkanals waren, die das Plumpsklo modernisiert und mit Schüsseln und Wasserspülung ausgestattet hatten, sprachen die Franzosen im 18. Jahrhunderts von „lieux à l'anglaise", den „Orten der englischen Art". Schon damals gab man offenbar dem anrüchigen Raum gerne den Namen und die Nationalität seiner „besten Freunde", das war mit den „türkischen Toiletten" (dem Hockklo) später nicht anders. Lange Zeit war in Frankreich auch vom „cabinet d'aisance" oder „lieu d'aisance" (Kabinett bzw. Ort der Erleichterung) die Rede. Alternativ griff man den englischen Namen für das Wasserklossett auf, „water(s)" oder kurz W.-C. (mit zwei Punkten und Bindestrich, korrekt nach den Rechtschreibregeln). Diese Bezeichnung zog um 1760 in die französische Alltagssprache ein und hat sich bis heute erfolgreich gehalten. Weitere Schreibvarianten folgten, W.-C. wurde zu dem leichter lesbaren WC, sogar „vécés" findet man, „waters" wird zu „vatères" und vielleicht eines Tages noch kind- bzw. hundgerechter zu „wawas" … Wer weiß?

Die Engländer wiederum entliehen aus dem Französischen das Wort „Toilette", die Verkleinerungsform von „toile" (Tuch). Gemeint war ursprünglich das feine Tüchlein, in das man, auf einem Tisch ausgelegt, Utensilien der Hygiene und Schönheitspflege wie Parfüms, Haarbürsten und dergleichen einschlug. Gebräuchlich wurde das Wort Toilette allerdings erst im 19. Jahrhundert. Kleines Detail am Rande: Während in Frankreich von „les toilettes" die Rede ist, verwendet man im benachbarten Belgien, so wie in Deutschland, das Wort im Singular und spricht von „la toilette" bzw. die Toilette.

Den vielen Synonymen für das stille Örtchen, im Französischen wie auch in anderen Sprachen, könnte man mehrere Seiten widmen. Darunter sind umgangssprachliche, auch veraltete Ausdrücke, sittsame Umschreibungen, mehr oder weniger Literarisches, Bildhaftes oder Abstraktes und teilweise sehr Lokales, bis hin zu Neologismen, die ausschließlich für den familiären Gebrauch bestimmt sind. Eine französische Redewendung soll hier noch Erwähnung finden: „Là où le roi va seul" – „dort, wohin der König alleine geht", steht sie doch eigentlich im Widerspruch zu dem, was Chronisten aus der Zeit Ludwigs XIV. berichten. Wer diese Thematik gerne weiter vertiefen und sein Vokabular erweitern möchte, wird gewiss in Wörterbüchern fündig.

▲
Das Chinesische verfügt über unterschiedliche Zeichen, um auf die Toilette hinzuweisen, aber „WC“ wird universell am besten verstanden.

KLEINES
REISELEXIKON

In der fremden Sprache das richtige Wort zu finden, ist nicht leicht. Speziell im hier diskutierten Kontext vergreift man sich aus Unwissenheit schnell im Wort oder erscheint ungehobelt.

Wie jeder andere Lebensbereich unterliegen auch Toiletten, Klosetts, Latrinen und WCs sprachlichen Einflüssen. Die lateinischen Bezeichnungen haben sich bis weit über Europa hinaus verbreitet. Auch ohne ein Fremdsprachendiplom verstehen wir Begriffe wie *aseo, toilet, vécé* (ungarisch ebenso wie französisch), *toilet, toaleta, tualett, pissoar* oder *pissoir*, die uns auf eine charmante Reise in andere Länder entführen. In Japan, das uns sprachlich und kulturell vermeintlich so fern ist, bezeichnet das Wörtchen *toire,* die Kurzform von *toiretto,* sowohl den WC-Raum als auch die dortige Schüssel. Ebenso gebräuchlich ist *otearai,* wörtlich übersetzt „Waschbecken." Schamhaftigkeit kennt bekanntlich keine Grenzen und im Land der aufgehenden Sonne sind Euphemismen ebenso angesagt wie in der englischsprachigen Welt. Im Englischen ist vom *lavatory, restroom* und *bathroom* die Rede. Die Herkunft des englischen Begriffs *loo* erklärt sich als Abwandlung des französischen Ausrufs „gare l'eau" (Vorsicht Wasser) oder als anglisierte Form des französischen Wortes „lieu" (Ort).

Wie wir sehen, ist die richtige Wortwahl bei diesem Thema gar nicht leicht. Das ging uns, nebenbei bemerkt, bei der Wahl des Titels für das vorliegende Buch nicht anders. Jeder gute Reiseführer hält daher ein Glossar bereit, das die Übersetzung der Begriffe aufführt, welche im jeweiligen Land angemessen und kulturell akzeptiert sind. Und damit auch wirklich nichts schief geht, gibt es immer mehr Navigations-Apps fürs Smartphone, die bei der Suche nach einer öffentlichen Toilette behilflich sind. Mindestens ebenso wichtig ist natürlich die Toilettenbeschilderung, deren Piktogramme sich zu einer Universalsprache entwickeln.

▲ „00". Ein Bild sagt manchmal mehr als tausend Worte; hier auf dem Münchner Oktoberfest.

Auf dem weltberühmten Oktoberfest in München, wo bekanntlich das Bier in Strömen fließt, ist das Thema WC-Ausschilderung für die Veranstalter enorm wichtig. ▶

WO GEHT ES ZUM KLO?

Gut zu wissen, wie man die Sache nennt. Sie dann auch zu finden, steht auf einem anderen Blatt. Schilder und Piktogramme sind hier des Rätsels Lösung.

Aus Aufzeichnungen und Chroniken über das Schloss Versailles erfahren wir nicht, wie sich Neuankömmlinge, insbesondere wenn sie aus der Provinz kamen, nach der Besuchertoilette erkundigten, ohne sich zu blamieren. Vor allem, wenn wir wissen, dass es im Palast von Ludwig XIV. viel zu wenige Latrinen gab. Es gab weder Wegweiser, noch waren an den Türen der Aborte Schilder angebracht.

Eine Beschilderung kam höchstwahrscheinlich erst mit der Entwicklung städtischer Bedürfnisanstalten im 19. Jahrhundert auf. Für die öffentlichen Toiletten am Palais Royal Ende des 18. Jahrhunderts und die Vespasiennes ab den 1830er-Jahren waren keine Schilder nötig. Das Innovative an diesen Örtlichkeiten, die nur der Männerwelt vorbehalten blieb, war Hinweis genug. In der Folgezeit wurden die städtischen Toiletten zum Konkurrenzgeschäft, da sie als Werbefläche für Plakate lukrative Konzessionen einbrachten. Von nun war man um Sichtbarkeit bemüht und musste die Sache konkret beim Namen nennen. In Paris prangten an den immer zahlreicheren Toilettenhäuschen Schilder mit der Aufschrift „Wasserklosett" oder „geruchsfreie

▲
Zwei Buchstaben und zwei Silhouetten: die einfachste Form der Beschilderung.

Toiletten für 5 Centimes“. Abgesehen davon ist es an manchen Orten und zu bestimmten Anlässen als öffentliche Gesundheitsmaßnahme unabdingbar, die WC-Anlagen gut auszuschildern, beispielsweise beim Münchner Oktoberfest. Über zwei Wochen lang wird auf der „Wiesn“ bis spät in die Nacht bayerisches Bier gezapft und die Warteschlangen vor den begehrten Toiletten, auf die hübsche bunte Schilder hinweisen, scheinen nie abzureißen.

Auf diese erste Etappe in der Geschichte der WC-Beschilderung folgte die nächste, als man die Existenz weiblicher Wesen im öffentlichen Raum wahrnahm. Dies hatte die Installation von Sanitäranlagen für Damen zur Folge. In Frankreich wurden sie vornehm als „chalets de nécessité“ (Notdurft-Häuschen) bezeichnet. Die Zeit der Geschlechterdifferenzierung brach an.

1.7

Zwei simple Figurenumrisse, Mann und Frau, sind das universalsprachliche Synonym für die Toilette; hier im Nationalpark Sinharâja Forest, Sri Lanka.

▲
Eine All-Gender-Toilette für jede und jeden. Mit der Verfremdung des herkömmlichen WC-Piktogramms haben die Grafiker hier viel Fantasie bewiesen.

DIE QUAL
DER WAHL

Wer hätte sich im 19. Jahrhundert vorstellen können, dass die Einführung von Damentoiletten größere Komplikationen nach sich ziehen würde? Doch die Unterteilung in zwei Kategorien hat eine – binäre – Wahlmöglichkeit geschaffen ... Und Wählen heißt Ausschließen.

Den Wunsch nach getrennten Toiletten für Damen und Herren setzte man im 19. Jahrhundert in die Tat um. Sanitäranlagen für Damen entstanden nicht nur im städtischen öffentlichen Raum, sondern auch in der Berufswelt, die sich den Frauen öffnete. Zukünftig fand das Leben einer Frau nicht mehr nur zu Hause, bei gesellschaftlichen Veranstaltungen oder beim Einkaufen statt, sondern sie verbrachte mitunter den ganzen Tag in der Fabrik oder im Büro. Zum Schutz des weiblichen Schamempfindens und womöglich auch zur Vermeidung unliebsamer Ablenkung entstanden separate Toilettenräume, die mancherorts auch per Gesetz vorgeschrieben waren. In den USA waren aufgrund der Rassentrennung, die 1877 bis 1964 in den Jim-Crow-Gesetzen gefordert wurde, sogar vier separate WC-Räume verpflichtend, die mit unmissverständlichen Formulierungen hinsichtlich der Hautfarbe ausgeschildert waren: „Whites only" oder „Colored". Was das Geschlecht betrifft, sind dank der Erfindung des Piktogramms und des Einfallsreichtums der Grafiker eine Fülle an Symbolen entstanden, die eine wissenschaftliche Systematik wert wären. Solch eine Vielfalt an kulturellen, religiösen, sozialen und geografischen Varianten, die alle auf den „kleinen Unterschied" verweisen. Und auf sexistische Klischees! Die Symbolsprache kommt an ihre Grenzen, so scheint es, wenn wir die Debatten über die nichtbinäre Geschlechtsidentität verfolgen, oder über das Fehlen öffentlicher Damen-Urinale. „Die Gendertoilette ist tot, es lebe das inklusive WC" oder „Potty Parity" könnten die neuen Kampfparolen sein. Die Welt hat sich verändert, daher müssen wir alles neu überdenken: Schluss mit Türen in Rosa und Blau. Schluss mit den Silhouetten von kurzen Röckchen neben breiten Schultern. Schluss mit Niqab neben Hose, Pferdeschwanz neben Schnurrbart usw.

▲
Das Bemühen um Inklusion kann sogar die Bildersprache verkomplizieren: hier in Shibuya, Japan.

Und was ist mit dem Wickeltisch? Wo soll er hin, wie soll er ausgeschildert werden, ohne gegen sexistische Normen zu verstoßen? Müsste er nicht genauso behandelt werden wie die Toiletten für Menschen mit eingeschränkter Mobilität? Deren offizielles Symbol, von der dänischen Designstudentin Susanne Koefoed 1969 entworfen, ist komplett genderfrei und gilt als Unisex-Zone. Die nordeuropäischen Länder sind auf dem Gebiet der „WCs für alle“ um Einiges weiter. Auch in den USA ist das Unisex-WC in etlichen Bundesstaaten vorgeschrieben, als Reaktion auf die „Toilettengesetze“ einiger US-Staaten aus dem Jahr 2016, die Transsexuelle dazu verpflichten, die Toilette gemäß ihres in der Geburtsurkunde eingetragenen Geschlechts aufzusuchen. Doch die Tendenz zu mehr Unisex-Toiletten hat politische und philosophische Diskussionen zur Folge und stößt auf Ablehnung, aus Gründen der Religion oder Scham, aus Sorge um die Sicherheit der Frauen u. a. Das Transgendersymbol an der Klotür ist zwar noch nicht die Norm, doch es revolutioniert bereits die soziale Organisation von Sanitäranlagen. Die große Geschichte der Toiletten wird vor unseren Augen weitergeschrieben.

▲
Zwei Toilettentüren als Symbol für die Zeit der Rassentrennung in den USA; Martin Luther King Memorial, Atlanta.

Das WC-Piktogramm für Menschen mit eingeschränkter Mobilität wurde 1969 entworfen. Weitaus weniger universell und gebräuchlich ist das WC-Piktogramm für die buddhistischen Mönche.
◀

◄

WARTESCHLANGEN UND GLEICHHEIT DER GESCHLECHTER

Warum ist die Schlange vor dem Damenklo immer länger als bei den Herren? Aus zwei Gründen: Erstens verbringen Frauen im Durchschnitt etwas mehr Zeit (ca. 30 Prozent) auf der Toilette als Männer. Zweitens gibt es schlichtweg viel weniger Damen- als Herrenklos. Architekten lieben die Symmetrie, daher planen sie für beide Geschlechter exakt die gleiche Quadratmeterzahl ein. Dabei ist die Ausstattung unterschiedlich, denn eine Reihe Pissoirs braucht weniger Platz als eine Reihe Klokabinen. *Quod erat demonstrandum.* Die Lösung? Anpassung aller Neubauten an die Realität, also den Bau von mehr Damenklos. Entwicklung von Urinalen für Frauen oder die Umwandlung sämtlicher Toiletten in Unisex-WCs – was einige kategorisch ablehnen. Man kann auch generell die Herrentoiletten in gemischte WCs umwandeln, was offenbar überall dort, wo dies schon in die Tat umgesetzt wurde, bei allen gut ankommt. Wir sind gespannt, wie es weitergeht.

女
厕

Damen nach links, Herren nach rechts: eine öffentliche Toilette in China.

دورات المياه
Toilets

Überall auf der Welt spiegeln Toilettenschilder die Kultur und Kleidung einer bestimmten Region wider. Linke Seite: Dubai; rechte Seite (von oben nach unten): Marokko, Türkei, Japan.

W.C

Das von Hand gemalte Schild mit Schleier und Fez (sehr ägyptisch!) macht wieder einmal die Universalität des WC-Zeichens deutlich.

Die Beschilderung öffentlicher Toiletten bedient sich der kulturellen Normen und Kleiderregeln des jeweiligen Landes, manchmal durchaus mit Humor. Linke Seite: Indien; rechte Seite (von links nach rechts und von oben nach unten): Deutschland, Indien, Texas, Türkei, Indien.

KURZER HALT AUF DER DURCHREISE

Neben der öffentlichen Toilette und dem stillen Örtchen zu Hause gibt es noch eine ganz eigene Kategorie: die Toilette für Reisende jeder Art oder Passanten an der Raststätte. Welche Motivation auch dem Ortswechsel oder der Reise zugrunde liegt, sei es eine Autofahrt, ein Roadtrip, die Eroberung eines Kontinents oder eine touristische Etappe: Irgendwann kann der Reisende entscheiden (oder auch nicht!), wie er sein dringendes Bedürfnis erledigt.

DIE PIPI-PAUSE:

EIN MUSS

Familien auf dem Weg in den Urlaub, Fernfahrer auf der Durchreise oder Handelsvertreter: Sie alle sind aus gutem Grund unterwegs und haben oft ein wichtiges Motiv für einen kurzen Halt. Schwierig wird es dann, wenn die Pipi-Pause drängt, aber die Umstände es nicht zulassen ...

Es gab einmal eine Zeit, da zerbrachen sich die Reisenden oder Spaziergänger nicht den Kopf, wenn sie ein dringendes Bedürfnis überkam. Ein Graben, ein Baum oder Busch, ein Mäuerchen ... kurzer Halt und die Sache war erledigt. Die starke Zunahme des Straßenverkehrs und des weltweiten Tourismus veränderten die Sachlage. Nicht auszudenken, wenn auf der Autobahn jeder Autofahrer, nur weil „die Natur" ruft, vor den Augen aller spontan auf dem Seitenstreifen halten würde (auch wenn man dies manchmal beobachtet!). Daher wurden Raststätten und Tankstellen errichtet und mit dem Notwendigsten ausgestattet, besser gesagt mit dem Minimum, was Qualität und Sauberkeit angeht. Wobei sich auf den Autobahnen in Frankreich schon einiges verbessert hat, wohlgemerkt.

Dasselbe würde man gerne von den französischen *Routes nationales* behaupten, doch dort bleiben die Autofahrer sehr sich selbst überlassen. Die öffentlichen WCs sind ebenso wie die dazugehörigen Tankstellen, die es quasi an jedem Ortseingang gab, fast komplett von den Nationalstraßen verschwunden. Und auf kleineren Landstraßen scheinen nur „bedürfnislose Lebewesen" unterwegs zu sein. Bedauerlicherweise hält der ehrwürdige Guide Michelin in seiner kleinen roten Ausgabe, die seit dem Jahr 1900 jährlich erscheint, für Rad- und Autofahrer neben Hotels, guten Restaurants und Werkstätten nicht auch nützliche Tipps für Toiletten am Straßenrand bereit. In der tunesischen Michelin-Ausgabe indes wird auf Toiletten mit der Bezeichnung „Confort Normal" an bestimmten Hauptverkehrsstraßen des Landes hingewiesen, vor allem in der Salzwüste Chott el Djerid. Der Begriff „normaler Komfort" ist durchaus relativ, schmälert aber nicht den malerischen, fast künstlerischen Charme dieser Sanitäranlagen.

▲
In den Fünfzigerjahren lud in den USA das Schild „Restroom" Automobilisten zum Halt an dieser Tankstelle ein.

In Frankreich nahm mit dem Ausbau der Autobahnen der Verkehr auf den Nationalstraßen ab und eine Tankstelle nach der anderen machte zu – zum Leidwesen der Autofahrer.
▼

▲
Manche Toiletten entdeckt man in Momenten und an Stellen, wo man sie am wenigsten erwartet. Hier auf den Färöern, einer dänischen Inselgruppe.

Wenn der Weg noch weit ist und das Bedürfnis immer drängender, gilt: Zähne zusammenbeißen und durchhalten … vor allem auf einer Reise quer durch Australien.

CONFOR.TOILETES.NORMALE
TOILE
WC
FAME
OME
FAME
WC
HOME
WC
WC
TOIL

TOILETTES.ConFORTAbLE
CHIOTTES ELJERID
NORMAL
WC
CONFORT
WC
DELUX

W.C
WC

Wüstenstraßen in Tunesien, insbesondere am Salzsee Chott el Djerid, sind von farbenfrohen Toiletten gesäumt, deren Erscheinungsbild sich im Laufe der Jahre verändert.

Toilette am Rast- und Aussichtsplatz von Bukkekjerka, an der nationalen Touristenstraße Andøya gelegen. ▶

IM LAND DER FJORDE

Wenn die öffentliche Toilette zum Ziel der Reise wird: Ode an die norwegischen Panoramarouten und ihre weltweit einzigartigen Sanitäranlagen.

Bevor wir die Straßen verlassen, möchten wir noch ein Land in besonderem Maße würdigen, das in diesem speziellen Kontext eine Ausnahme ist und hoffentlich auch ein Vorreiter. In Norwegen, dem Land der Fjorde, wurde für den Zeitraum von 1994 bis 2023 die Errichtung von achtzehn sogenannten Landschaftsrouten geplant und umgesetzt. Achtzehn Panoramastraßen, zusammen fast 2200 Kilometer lang, welche die erhabenen skandinavischen Naturräume von hoch im Norden bis in den Südwesten Norwegens durchziehen. Und wie an kostbaren Halsketten aufgereiht, säumen 190 architektonische und künstlerische Kleinode diese Asphaltbänder und verschmelzen mit der Schönheit der Landschaften. Die Routen schlängeln sich vorbei an Aussichtspunkten und Hängebrücken, Wanderwegen und Rastplätzen, inmitten einer wilden Naturkulisse mit Fjorden, Seen, Wasserfällen, Schneebergen und Tälern. An dem grandiosen Formen-, Farben- und Lichterspiel sind auch öffentliche Toilettenbauten beteiligt. Hinter einer Kurve, auf einer Klippe oder in einer tiefen Bucht erwarten die Reisenden einzigartige WC-Bauten, erschaffen von den besten Architekten und Designern, denen es gelang, die Naturlandschaften und die natürlichen Bedürfnisse der Touristen in Einklang zu bringen. Die bekannteste und meist fotografierte Toilette liegt an der Panoramastraße Helgelandskysten: ein wellenförmiger Bau aus Beton und Mattglas, der einen unvergleichlichen Blick auf das Europäische Nordmeer und die Nordlichter freigibt. Im Ringen um die schönste Toilette der Welt liegt diese definitiv auf einem der vorderen Plätze!

▲ Die Transparenz der Panoramascheibe lässt sich elektronisch steuern.

Rastplatz an der Panoramastraße Helgelandskysten, der Star unter den norwegischen Toiletten: Seine ultramoderne Silhouette erinnert an die Schlange, die einen Elefanten verschluckt hat, in *Der Kleine Prinz* von Antoine de Saint-Exupéry.

▲
Rastplatz Ostasteidn an der norwegischen Landschaftsroute Ryfylke. Architekturbüro KAP.

▶
Toilettengebäude von Oscarshaug auf der nationalen Touristikroute Sognefjellet. Architekturbüro Jensen & Skodvin.

▲
Rastplatz von Selvika an der norwegischen Landschaftsroute Havøysund. Eine betonierte Rampe führt bis zum Strand hinunter. Architekturbüro Reiulf Ramstad Arkitekter AS.

▲
In Allmannajuvet auf der norwegischen Landschaftsroute von Ryfylke. Die Toilettenanlage scheint von mittelalterlichen Burglatrinen inspiriert zu sein. Architekt: Peter Zumthor.

▶
Rastplatz von Ersfjord auf der norwegischen Landschaftsroute Senja. Architekturbüro Tupelo Arkitektur AS.

DIE **BORDTOILETTE**

Wenn unser Reiseziel nicht über die Straße erreichbar ist, müssen wir auf andere Transportmittel zurückgreifen. Doch auch im Zug, Flugzeug oder Schiff können wir die natürlichen Bedürfnisse nicht ignorieren ...

Die ersten und längsten Reisen unternahmen Menschen mit dem Schiff. Zur Zeit der Seefahrer waren auf den Segelschiffen am Bug, primitive Latrinenbänke angebracht, die, umpeitscht von Wellen und Stürmen, nur Schiffsjungen und Matrosen benutzten. Offiziere und Kommandant durften sich in den Seitengalerien erleichtern, die aus dem Heck herrausragten. Die Sanitäranlagen der späteren Dampfschiffe, die sehr viele Passagiere über den Atlantik beförderten, waren um einiges besser, bis zu Luxustoiletten an Bord der Ozeandampfer im 20. Jahrhundert. Heute sind schwimmende Hotels unterwegs, mit modernem Komfort ausgestattet, von denen die meisten ihre Abwässer an Bord aufbereiten, bevor sie im Meer entsorgt werden. Ein gewaltiger Fortschritt.

Wenig komfortable Toilette für Matrosen, im Galion am Bug des Schiffs installiert. ▶

▲ Der intime Rückzugsort in den Seitengalerien, rechts und links des Hecks, war nur den Schiffsoffizieren und dem Kommandanten vorbehalten.

▲
Achtergalerie der *Batavia*, einem Segelschiff aus dem 17. Jahrhundert, mit Aborten und Abflussrohren.

▲
In Frankreich werden seit den 1990er-Jahren die Zugtoiletten nicht mehr auf die Gleise entleert.

▲ ▶
Komfort in Abteilen und Toiletten an Bord des Orient Express.

Mit dem Zug reiste man früher nicht unbedingt besser als mit dem Schiff. Zwar wurde die Eisenbahn erst später erfunden, etwa zeitgleich mit der privaten Toilette, doch umso mehr wundert es, dass zumindest in Frankreich anfänglich nur Wagen der ersten Klasse mit Aborten ausgestattet waren. Eine Verbindung zwischen den Waggons der verschiedenen Klassen bestand offensichtlich nicht! Passagiere der zweiten oder dritten Klasse mussten entsprechend gerüstet sein, wobei der niedrige Fahrpreis die Mühe wert war. Damals reiste man also besser in Luxuszügen, zum Beispiel im Orient-Express, dem „König der Züge und Zug der Könige", der 1883 seine Jungfernfahrt antrat. Man möchte glauben, die Toilettenproblematik gehöre längst der Vergangenheit an, doch weit gefehlt, meinen Fahrgastverbände. Modernisierung ist in langsamerem Tempo unterwegs als der TGV. Gleichwohl freuen sich die Umweltschützer über die sanitäre Fortentwicklung der Züge in den letzten dreißig Jahren und deren Ausstattung mit Fäkaltanks. Verschmutzte Gleise sollten nun passé sein.

Auch bei der Luftfahrt wird Unrat heute nicht mehr in der freien Natur entsorgt! Die ersten Linienflüge boten nur Eimer mit Deckel an, bevor bald separate Kabinen zu diesem Zweck eingerichtet wurden. Vor allem die Entsorgung der Exkremente bereitete Kopfzerbrechen. Seit 1982 gibt es Vakuumtoiletten in den Passagierflugzeugen. Mittels Unterdruck wird der Inhalt der mit Teflon beschichteten Kloschüssel „abgesaugt", damit möglichst wenig Spülwasser, mit chemischen Zusätzen versehen, zum Einsatz kommt. Es wird übrigens während des Flugs recycelt. Um irgendwelche Fantasien aus der Welt zu schaffen: Linienmaschinen verfügen seit über 50 Jahren über absolut dichte Fäkaltanks im Frachtraum, die auf den Flughäfen entleert werden. Der Pilot hat im Cockpit keinen magischen Knopf, mit dem er seinen Balast loswerden und die Erdenbürger mit unerfreulichem „Regen" beglücken könnte. Gleichwohl ist Hightech-Sanitärtechnik nicht systematisch vorhanden und die internationalen Reglements enthalten keine Vorschriften, dass Fluggesellschaften ihre Maschinen mit Toiletten ausstatten müssen – was man beim ein oder anderen Kurzstreckenflug durchaus erleben kann.

GEFAHREN BEIM BETÄTIGEN DER KLOSPÜLUNG

Kapitänleutnant Karl-Adolf Schlitt erlangte in der deutschen Marinegeschichte traurige Berühmtheit, weil seine fehlerhafte Betätigung einer Klospülung den Verlust seines U-Boots U 1206 zur Folge hatte. Es geschah im April 1945 beim Einsatz in der Nordsee, in einer Tiefe von 200 Fuß: Nach Verrichtung seines Geschäfts war es Schlitt nicht gelungen, die Wasserspülung einer ultramodernen Tiefsee-Hochdruck-Toilette, in Gang zu setzen. Daher rief er den Mechaniker, der für diese Neuerfindung zuständig war, zu Hilfe. Dieser wusste nicht, dass ein Ventil bereits offen stand, und öffnete ein zweites Ventil. Meer- und Abwasser ergossen sich in das Toilettenabteil und auf die Elektrobatterie im darunterliegenden Stockwerk. Giftige Gase traten aus, das U-Boot musste an die Oberfläche auftauchen und wurde dort von britischen Patrouillenfliegern angegriffen. Dann lief das Schiff in Küstennähe auf Grund, wo es versenkt und zurückgelassen wurde. Traurige Bilanz: der Tod von vier Besatzungsmitgliedern, der ruinierte Ruf des Offiziers und ein Wrack in 70 Metern Tiefe.

▲
Die Internationale Raumstation (ISS)

▲
Weltraumtoilette UWMS („Universal Waste Management System"); die Entwicklung des Projekts für die ISS der NASA dauerte sechs Jahre und kostete stolze 23 Millionen US-Dollar.

▲
Zur Vorbereitung auf die bevorstehende Mondexpedition rief die NASA den Wettbewerb *Lunar Loo Challenge* ins Leben: Es geht um die Konstruktion einer Kompakttoilette, die sowohl mit der Schwerelosigkeit als auch mit der Mondschwerkraft klarkommt.

SANITÄRANLAGEN
IM WELTRAUM

Der gewöhnliche Reisende macht sich darüber kaum Gedanken, aber die Frage nach dem Wohin mit dem großen und kleinen Geschäft stellt sich auch im Weltall – ganz gleich, ob im Raumschiff oder beim Weltraumspaziergang. Die Angelegenheit ist hier etwas komplizierter.

Bei einem Flug im Space Shuttle oder längeren Aufenthalt in der Internationalen Raumstation ist ein physikalisches Phänomen zu berücksichtigen, das uns Erdenbürger nicht betrifft: die Schwerelosigkeit. Sie würde den Toilettengang im Weltall zum unfreiwilligen Akt der Komik machen, hätten die Ingenieure nicht in weiser Voraussicht die Weltraumtoilette erfunden, gewiss das einzige Klo, auf dem man sich anschnallen soll. Bedingt durch die räumliche Enge, ist das Toilettensystem an Bord des Raumschiffs Crew Dragon spartanisch, aber technisch perfekt und saugstark. Die ISS verfügt über die Komfortversion, bestehend aus zwei Saugtoiletten bzw. „Zero Gravity Toilets“, die dafür sorgen, dass die Ausscheidungen nicht frei umherfliegen. Der Urin wird über einen Vakuumschlauch mit Saugtrichter in zwei Modellen – für Damen und Herren – zu Trinkwasser recycelt, zum Teil auch zu Sauerstoff. Die festen Ausscheidungen werden über eine Vakuumkammer in Spezialbeutel gesaugt und in Schubfächern gelagert. Volle Behältnisse werden von der Crew regelmäßig Richtung Erde gesandt, sie verglühen beim Eintritt in die Erdatmosphäre mitsamt der Transportkapsel. Es ist eine Radikallösung, bis den Forschern der NASA die vollständige Abfallverwertung zur Energiegewinnung gelingt. Es bleibt noch das Dilemma der Stuhlgang- und Blasenentleerung für die Astronauten, wenn sie in ihren Ganzkörper-Raumanzügen auf längeren Außenbordeinsätzen unterwegs sind. Nicht zum Spaß veranstaltete die NASA dazu 2016 einen Wettbewerb, die *Space Poop Challenge*. Gesucht wurde nach Konzepten für ein in die Raumanzüge integriertes „Auffangsystem“ für Ausscheidungen, zum maximalen Verbleib von 144 Stunden.

Thomas Pesquet
@Thom_astro

40 000 times this space toilet has been used, a milestone! We need to maintain it as clean sanitation and sewage treatment is a human right and a @UN Sustainable Development Goal. #MissionAlpha #SDG6

Tweet übersetzen

5:41 nachm. · 12. Mai 2021 · Twitter Web App

▲
Thomas Pesquet kommentiert in einem Tweet am 12. Mai 2021 den Zählerstand der Toilette an Bord der ISS und betont deren Wichtigkeit.

▲
Bunte Neonleuchten im Restaurant Big Mamma in Paris; Realisierung: Trone Paris.

The Attendant in London, ein Bistro mit Bar, befindet sich in einem authentischen „Lavatory“, einer unterirdischen öffentlichen Toilette aus viktorianischer Zeit.
◄

DÜRFTE ICH HIER

MAL KURZ …?

Hotels, Campingplätze oder Restaurants möchten in der Regel, dass sich die Gäste wie zu Hause fühlen. Toiletten haben mitunter einen Sonderstatus und sollen ganz gezielt herausstechen.

Im Unterschied zur klassischen Toilette zu Hause ist im öffentlichen Raum jede Originalität erlaubt. Man scheut weder übertriebenen Luxus noch schlechten Geschmack oder Kitsch und schreckt vor ästhetischen Experimenten und modernem Design nicht zurück, bis hin zu Klos mit Kommunikationssystem. Zum Renommée und guten Ruf tragen nicht nur Küche oder Interieur bei, sondern auch die Toiletten des Restaurants bzw. der Bar. Inzwischen widmen die Architekten und Innendesigner den Sanitärbereichen von Restaurants oder Hotellobbys größte Aufmerksamkeit.
Höchst kurios sind Toiletten, die ihr stilles Dasein verlassen haben und als Einrichtung von Speiseräumen fungieren. Diese sehr spezielle Themenrestaurant-Variante hat Europa (bedauerlicher- oder glücklicherweise?) noch nicht erreicht, hat aber in anderen Teilen der Welt schon viele Fans. Gemeint ist die Gastronomiekette *Modern Toilet Restaurants* aus Taiwan, die sich zunehmend in asiatischen Ländern ausbreitet. Das Thema Klo ist überall präsent: Toilettensitze für sämtliche Gäste, Leuchtkot-Deko und Essgeschirr in Form von Waschbecken oder Toilettenschüsseln. Ein ähnlich regressiver Geist weht in Kanada in den *Poop Cafés*, die das WC-Konzept noch verfeinert haben, bis hin zu Gläsern in Pissoir-Form oder Grüntee-Eiscreme in Klorollenform. Völlig anders die Herangehensweise des Londoner Bistros *The Attendant*, eingerichtet in intakten, ehemals öffentlichen Sanitärräumen mit grandiosem Toilettenmobiliar aus viktorianischer Zeit: Ein traditioneller Brunch, frisch gemahlener Espresso und Baked Beans lassen sich hier vor Keramik-Urinalen von 1890 genießen. Definitely British.

TOILE
PAPER

Modern Toilet Restaurant aus Taiwan: Das originelle Konzept kommt in der asiatischen Welt sehr gut an.

WOHIN, WENN'S PRESSIERT?

Das hat jeder schon erlebt: Man betritt eine Kneipe, weil die Blase drückt und nicht, weil man etwas trinken will – was man dann doch tut, aus Höflichkeit. Tatsache ist, dass die Toiletten in Lokalen in unfairer Konkurrenz stehen mit öffentlichen Sanitäranlagen. Nicht ohne Risiko allerdings, denn ein einladendes Restaurantfenster heißt nicht automatisch gute Toiletten. Passanten und Reisende sollten sich daher vorher erkundigen, bevor sie die Tür eines Lokals aufstoßen. Das vorliegende Werk ist als Ratgeber für unterwegs ungeeignet, daher hier der Hinweis auf mobile Apps. Eine französische App zum Beispiel lebt von den Tipps der User und vergrößert somit fortwährend die Datensammlung. Bewertet werden Sauberkeit, Barrierefreiheit, Größe, Ausstattung, Komfort und weitere Annehmlichkeiten von Toiletten in Lokalen. Maximal fünf „Klorollen" gibt es insgesamt, die besten Örtlichkeiten werden mit „Gold" ausgezeichnet. Ab jetzt wissen wir in Frankreich genau, welches Restaurant oder Bistro anzusteuern ist, wenn's pressiert. *Cacadvisor* sei Dank!

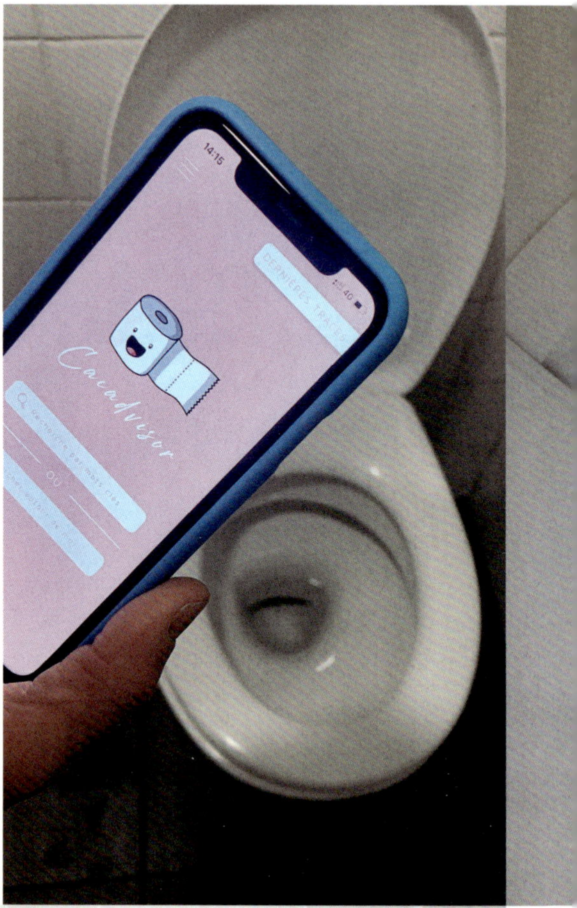

Kisses: Ausgefallene Urinale, designt von der niederländischen Künstlerin Meike van Schijndel; hier in der Bar Belushi's, Paris.

▲
Das Londoner Restaurant Sketch ist wegen der guten Küche berühmt, aber auch wegen der futuristischen, instagramtauglichen Toiletten.

Begrünte Toilettenwand im Hotel Ljubljana Park, eine Kreation der Firma Trone Paris.
▶

▲
Das Robot Restaurant in Tokio spielt mit grellen Farben und Lichteffekten sowohl in den Toiletten als auch den übrigen Räumen.

▲
Über die Urinale im Bell Inn Restaurant im englischen Ticehurst haben sich beim Besitzer schon einige Musiker beschwert, denen es an (englischem) Humor mangelt.

Im Pariser Restaurant namens Cristal Room Baccarat erstrahlen die Kristalllüster sogar in den Toilettenräumen.

FRAGEN AN DIE ZUKUNFT

Wir stehen heute vor einer zweifachen Herausforderung: Zum einen müssen wir die Entwicklungsländer, in denen eine Toilette noch Luxus ist, flächendeckend mit Sanitäreinrichtungen versorgen. Zum anderen geht es um die Reduzierung des Wasserkonsums und das Recycling von Schmutzwasser in den Ländern, die zu viel Wasser verbrauchen. Auf dem Spiel stehen also sowohl die öffentliche weltweite Gesundheit als auch der Erhalt der Ressourcen unseres Planeten.

DIE WELTTOILETTEN-ORGANISATION (WTO)

Zu einer Zeit, da die Hälfte der Weltbevölkerung ohne Zugang zu Toiletten ist, setzt sich eine Nichtregierungsorganisation vehement für die Sanitärvorsorgung ein – überall und für jeden.

Um zu verstehen, wie diese internationale Organisation, die sich für die Verbesserung der globalen sanitären Bedingungen einsetzt, entstanden ist, sollte man mehr über ihren Gründer und Direktor wissen. „Mr. Toilet", mit richtigem Namen Jack Sim, ist ein Geschäftsmann und Industrieller, der mit vierzig Jahren den Entschluss fasste, Zeit und Vermögen in die weltweite Verbreitung von Sanitäranlagen zu investieren. Ausgangspunkt war die einfache, doch dramatische Feststellung: Über die Hälfte der Weltbevölkerung, das sind 4,2 Milliarden Menschen, hat keinen Zugang zu sauberen Sanitäranlagen. Und jedes Jahr sterben etwa 300 000 Kinder unter fünf Jahren an Durchfallerkrankungen infolge schlechter Hygiene oder unzureichender Wasseraufbereitung. Jack Sim versucht die Regierungen für das delikate Thema zu sensibilisieren und tut dies auch mit Humor – ein unverzichtbares Mittel, wenn es um das Brechen von Tabus geht.

2001 gründete er die Weltorganisation der Toiletten (WTO), eine Plattform im Dienste eines globalen Netzwerks aus Verbänden, Regierungen, UN-Behörden und Forschern, um sämtliche Akteure zu verbinden, die sich alle mit der Politik der Wasseraufbereitung und der öffentlichen Gesundheit beschäftigen. „Eine Welt mit sauberen und sicheren Toiletten für alle, überall und jederzeit", so der Leitgedanke der WTO. Im Jahr 2013 gewährte die UN der Organisation die Einführung des Welttoilettentags. Als Datum wurde der 19. November festgelegt, der Gründungstag der WTO.

Ein weiterer großer Meilenstein der Weltgemeinschaft im Zusammenhang mit Toiletten erfolgte im August 2015 mit der Verabschiedung der „Agenda 2030". Darin einigten sich 193 Mitgliedstaaten der Vereinten Nationen auf 17 globale Ziele für nachhaltige Entwicklung. Ziel 6 verspricht, allen Menschen bis 2030 den Zugang zu einer angemessenen und gerechten Sanitärversorgung und Hygiene zu gewähren und der Notdurftverrichtung im Freien ein Ende zu setzen, unter besonderer Beachtung der Bedürfnisse von Frauen und Mädchen und von Menschen in prekären Situationen.

EINIGE ZAHLEN

- 2 Mrd. Menschen konsumieren Wasser, das mit Fäkalien verseucht ist.
- 4,2 Mrd. Menschen leben ohne gesundes Sanitärsystem.
- 1 Mrd. Menschen in ländlichen Gebieten verrichten ihre Notdurft im Freien.
- 20 Mio. Menschen in Europa haben kein eigenes WC.
- Über 800 Kinder unter fünf Jahren sterben täglich infolge unzureichender Sanitärversorgung, mangelnder Hygiene oder verunreinigtem Trinkwasser.
- 2025 lebt die Hälfte der Weltbevölkerung in wasserarmen Gebieten.

▶ Sitz (im doppelten Sinne) der Vereinten Nationen am Welttoilettentag 2013.

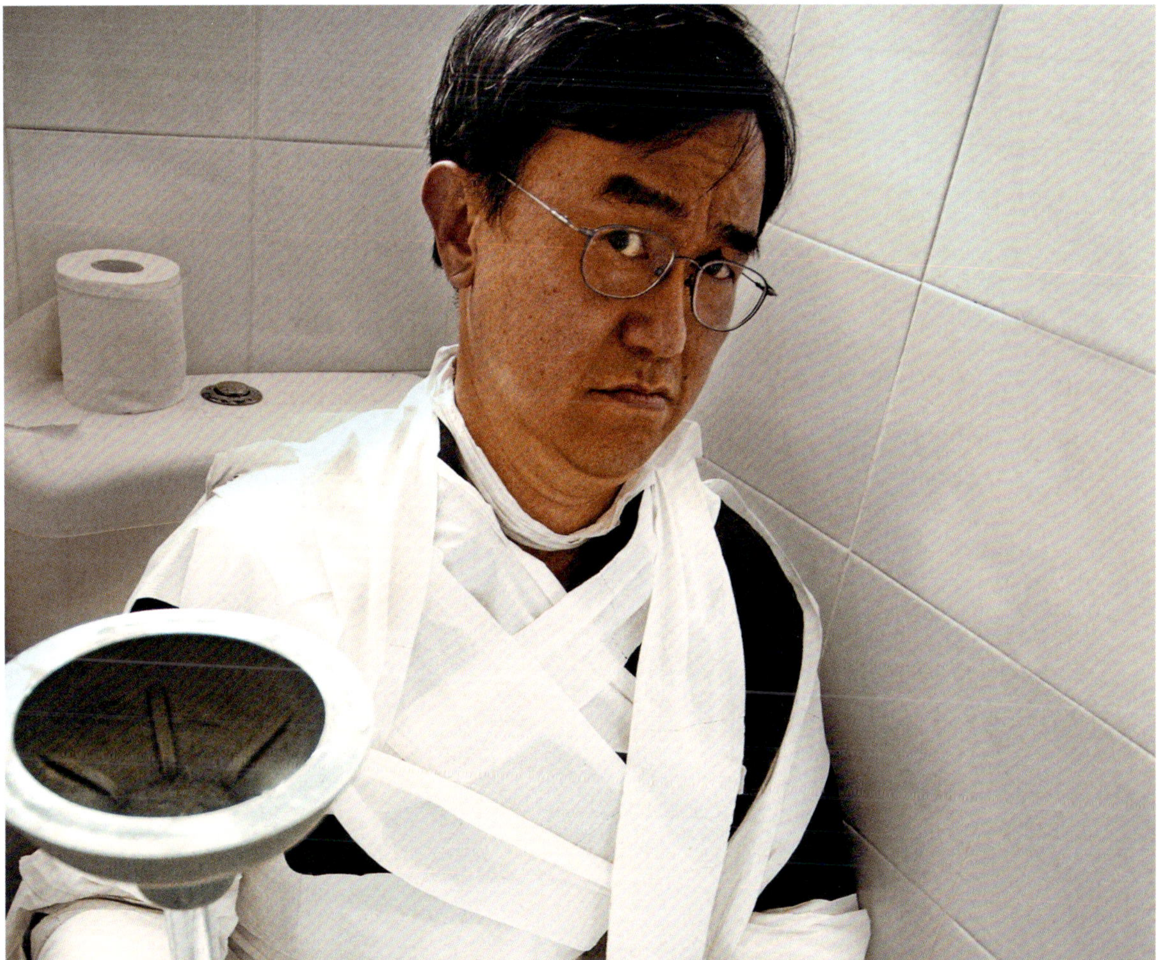

▲
„Eine Welt mit sauberen und sicheren Toiletten für alle, überall und jederzeit.“ Jack Sim will Regierende für das Thema sensibilisieren. Der Humor dient ihm dabei als Waffe gegen Tabus.

Präsentation der „Nano Membrane Toilet" 2018 in Peking auf der *Reinvented Toilet Expo*, organisiert von der Bill & Melinda Gates Foundation. ▶

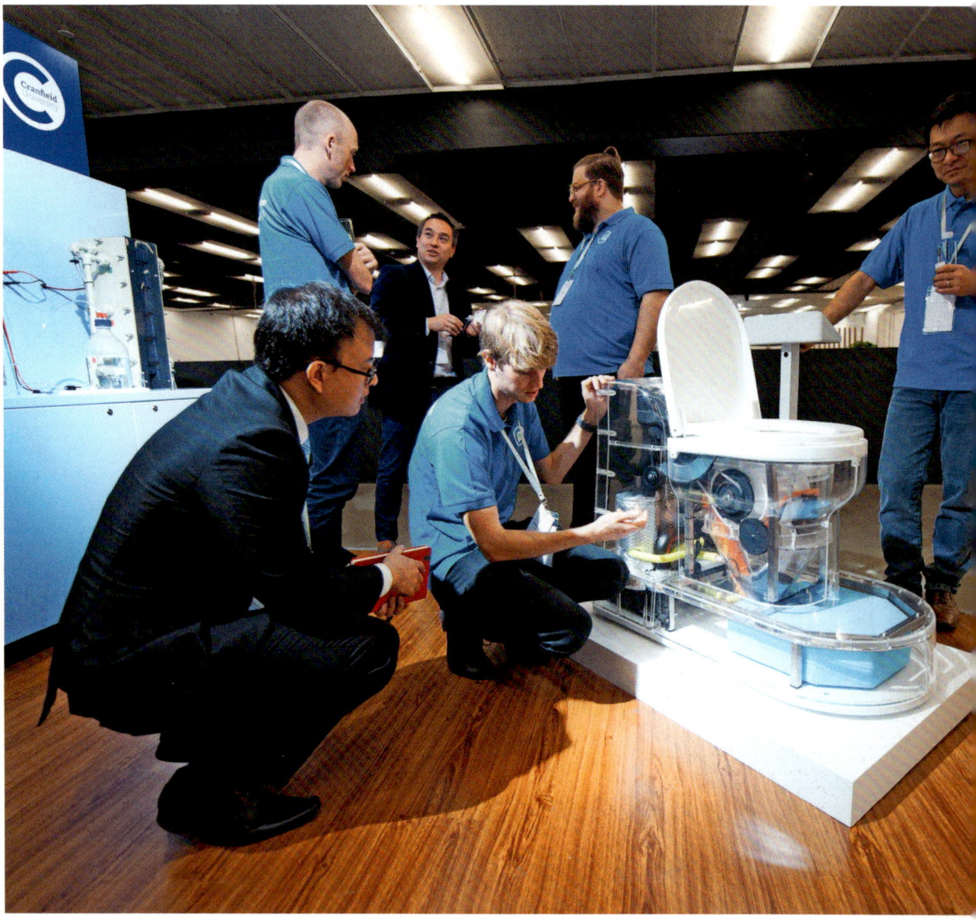

DIE TOILETTE **NEU ERFINDEN**

Die Bill & Melinda Gates Foundation hat sich u. a. dem Kampf gegen extreme Armut und Krankheiten verschrieben und engagiert sich besonders für die globale Sanitärversorgung.

Mit dem Programm „Wasser, sanitäre Einrichtungen & Hygiene" (WSH) richtete die finanzkräftige Stiftung an Forscher und Ingenieure weltweit eine gewaltige Aufgabe: die Erfindung gesunder Toiletten, ohne Wasser, ohne Elektrizität, ohne Kanalisation und mit geringen Instandhaltungskosten (5 Cent pro Tag und Nutzer). Das 2011 gestartete Stiftungsprogramm *Reinvent the Toilet Challenge*, in dessen Folge 2018 in Peking eine große Ausstellung stattfand. Präsentiert wurden die Toiletten der Zukunft, allesamt ökologisch, technisch und preislich realisierbar. Das von der britischen Universität Cranfield entwickelte Modell „Nano Membrane Toilet" erregte besondere Aufmerksamkeit. Bei diesem System ohne Wasserspülung werden Urin und Kot voneinander getrennt und separat recycelt. Flüssigkeit wird in Dampf und danach in Wasser umgewandelt, das sich für den häuslichen Gebrauch oder zur Bewässerung nutzen lässt. Feststoffe werden in Brennmaterial verwandelt und zur Gewinnung von elektrischer Energie genutzt. Es klingt nach der Toilette von morgen! Sie sollte dringend auf dem gesamten Planeten eingesetzt werden, aber vor allen Dingen in den Industrieländern, die weltweit jeden

▲
„Die Toiletten haben sich seit über einem Jahrhundert nicht wirklich verändert. Doch eine neue Generation an Technologien könnte Millionen Menschenleben retten."
Bill Gates

Tag über die Toilettenspülung sage und schreibe über 141 Milliarden Liter Wasser verbrauchen.

Die „Challenge" von 2011 sowie die Folgeaktionen, die von der Stiftung 2013 und 2014 in China und Indien lanciert wurden, verhalfen der offenbar seit einhundert Jahren stagnierenden Sanitärtechnologie zu einem Quantensprung und ermöglichte 2,6 Milliarden Menschen ohne direkten Zugang zu Wasser die Nutzung einer Toilette. Bill Gates' Bekanntheit und sein Vermögen trugen dazu bei, die Wichtigkeit der sanitären Versorgung auf eine neue Ebene zu heben.

▲
1860 meldete der englische Pfarrer Henry Moule das System der Trockentoilette („Dry Earth System") zum Patent an.

TOILETTEN-REVOLUTIONEN
IN DER WELT

Ländern wie China, Indien und Nigeria erklärten die Toilette zur Staatsangelegenheit. Die sanitäre Versorgung ist nicht nur ein technisches Thema, sondern wird zu einem wichtigen Hebel, der sehr viele Menschenleben retten kann.

„Erst Toiletten, dann Tempel“. So lautete der bewusst provokante Slogan, mit dem 2014 der indische Premierminister Narendra Modi sein groß angelegtes Toilettenbauprogramm lancierte. Die „sanitäre Mission“ (Swachh Bharat Abhiyan oder Clean India Mission) war zu einem Teil an das Projekt der Gates-Stiftung in Indien angelehnt. Fünf Jahre danach, 2019, konnte Modi verkünden, dass er 110 Millionen Toiletten gebaut hat und dem Defäkieren im Freien ein Ende setzte. Die Zahlen sind beeindruckend, täuschen jedoch. Diese 110 Millionen Toiletten wurden zwar ausgeliefert, sind aber nicht alle im Einsatz und nicht systematisch an die Kanalisation angeschlossen – falls vorhanden. Insbesondere in ländlichen Regionen geht die sanitäre Revolution nicht immer mit einer kulturellen einher. In manchen Gegenden hält man es für gesünder, sein Geschäft im Freien zu verrichten, als das Klo unter dem eigenen Dach zu haben, trotz der massiven Kommunikationskampagne mit Bollywood-Stars und Werbespots, in denen Frauen die Heirat verweigern, wenn ihr Zukünftiger ihnen kein Haus mit Toilette bieten kann. Möglicherweise haben die indischen Behörden auch unterschätzt, wie wichtig Wartung und Pflege der Toiletten sind, wenn sie einmal gebaut sind. Fachleute bringen in diesem Zusammenhang auch das Kastensystem in Indien ins Spiel, das die sanitäre Entwicklung möglicherweise ausbremst, denn das Reinigen der Toiletten obliegt traditionell den „Unberührbaren“ und kein Angehöriger einer anderen Kaste würde sich dazu herablassen.

Baufällige Latrine auf Pfählen mitten in einem Reisfeld in Indien.

Frei liegender Abwasserkanal in einem Slum in Indien.

▲
Szene aus dem Alltag der Kinder in Sierra Leone.

Bei der Toilettenrevolution in China geht es der Regierung vorrangig um das weltweite Ansehen. 2015 verabschiedete das nationale Tourismusbüro einen Dreijahresplan zum Neubau und zur Sanierung der überwiegend von Touristen genutzten öffentlichen Bedürfnisanstalten. Präsident Xi Jinping versprach jedoch auch der chinesischen Bevölkerung eine Verbesserung ihres Alltags, vor allem für den ländlichen Raum, wo nur sechzig Prozent der Haushalte über eine saubere sanitäre Infrastruktur verfügen. Der Plan wurde verlängert und von 2015 bis 2020 erfolgte die Renovierung oder der Neubau von 130 000 Toiletten. Für das katastrophale Image der öffentlichen Sanitäranlagen des Landes, das berüchtigt ist für seine Gemeinschaftsklos zum Hocken, ohne Trennwände oder Klopapier, könnte dies einen Wandel bedeuten. Die Expo *Reinvent the Toilet* im Jahr 2018 in Peking, initiiert von der Bill & Melinda Gates Foundation, war zweifellos ein Höhepunkt im Verlauf dieser ungewöhnlichen chinesischen Revolution.
Nicht minder problematisch ist die Sanitärversorgung in Afrika, ganz besonders in Nigeria, dem bevölkerungsreichsten Land auf dem afrikanischen Kontinent. Präsident Muhammadu Buhari versprach per Dekret die Toilette für alle und erklärte das Jahr 2025 zum Ziel: Null Prozent der Bevölkerung soll von da an seine Notdurft noch im Freien verrichten – ein ambitioniertes Projekt in einem Land, wo 46 Prozent der Bevölkerung sich ausschließlich in der freien Natur erleichtern. Im Zuge dessen richtete Buhari auch das „nationale Sekretariat für ein sauberes Nigeria" ein, das überwacht, dass „sämtliche öffentlichen Einrichtungen wie Schulen, Hotels, Tankstellen, Gotteshäuser, Märkte, Hospitäler und Büros über zugängliche WCs und Latrinen verfügen."
Auch jenseits des Atlantiks stoßen wir auf vernünftige Initiativen. Haiti, eines der ärmsten Länder der Welt, gehört auch zu den am stärksten von Cholera betroffenen Ländern. Die Krankheit ist noch lange nicht ausgerottet, auch wenn John Snow bereits 1854 ihren Zusammenhang mit verunreinigtem Trinkwasser nachgewiesen hatte. Vermutlich wurde die letzte verheerende Choleraepidemie auf Haiti von nepalesischen UN-Blauhelmsoldaten verursacht, nachdem deren Latrinen überliefen und sich über Fließgewässer in den Fluss Artibonite ergossen. Die Epidemie kostete zehntausend Menschen das Leben. Nun installierte die gemeinnützige Organisation SOIL in den allerärmsten Vierteln Haitis kompostierende Trockenklos, dort wo es akut an fließendem Wasser und einer Kanalisation fehlt. Diese Toiletten retten nicht nur Menschenleben, sondern verhelfen den Bauernfamilien auch zu mehr Einkommen, weil der produzierte Kompost die landwirtschaftlichen Erträge beträchtlich steigert. Seit 2006 hat SOIL schon Kollektiv- oder Privattoiletten für 6500 Personen ausgeliefert und nachgewiesen, dass ein Dollar, der in dieses System investiert wird, fünfeinhalb Dollar einbringt.

▶ *Toilet Integration Center (TiC)*, kurz „Ti Bus" genannt: Toilettenbusse in Indien für Frauen und Mädchen, ein Projekt der Firma Sara Plast Private Limited, die auf mobile Toiletten spezialisiert ist.

◀ Versuchsfarm in Port-au-Prince, Haiti: Hier werden Düngemittel eingesetzt, die aus dem Kompost der Trockentoiletten von der gemeinnützigen Organisation SOIL gewonnen werden.

SOIL-Säcke mit natürlichem Kompost. ▼

Trockentoilette in Guatemala. ◀

DIE LÄNGSTE TOILETTEN-WARTESCHLANGE DER WELT

The World's Longest Toilet Queue wurde am 22. März 2010 anlässlich des Welttoilettentags verzeichnet und schaffte den Eintrag ins Guinnessbuch der Rekorde. Der Verein *WaterAid* hatte in vielen Ländern der Welt zu der Aktion aufgerufen. Ziel war die Unterstützung des UNICEF-Programms *WaSH (Water, Sanitation and Hygiene)* und eine Sensibilisierung für die fehlende Sanitärversorgung in den ärmsten Ländern der Welt, insbesondere von Kindern. Alle Warteschlangen zusammengerechnet, standen bei diesem Event etwa 100 000 Menschen rund um die Erde vor Toiletten an.

2010: Schülerinnen und Schüler in Ghana versammeln sich für *The World's Longest Toilet Queue*.

Lange Warteschlange vor einer Toilette in Rajasthan, Indien.

▲
Aus Fäkalschlamm recyceltes Wasser lässt sich hervorragend zur Agrarbewässerung einsetzen; hier in der Region Bangalore, Indien.

ES GEHT NOCH ÖKOLOGISCHER

Auf dem Gebiet der innovativen Toilettentechnik überschneiden sich gesundheitliche und ökologische Aspekte. Im Visier der Ingenieure stehen zwei Ziele: die bessere Wasseraufbereitung und der sparsamere Umgang mit Wasser.

Mit der *Toilet Challenge* ebnete die Bill & Melinda Gates Foundation den Weg für die Verbreitung besserer Toiletten, die umweltverträglich, wassersparend und wohlstandsfördernd sind. Aus den Forschungen in diesem Zusammenhang ging der *Omni Processor* hervor. Dieses Konzept und Sanitärsystem ist in der Lage, die im menschlichen Fäkalschlamm enthaltenen Krankheitserreger zu zerstören, diesen Schlamm in verwertbare Nebenprodukte umzuwandeln sowie daraus Trinkwasser zu gewinnen. Gedacht ist die Technologie eigentlich für Entwicklungsländer, in denen bereits jetzt Wasserknappheit herrscht. Doch diese Toiletten der Zukunft könnten auch ein Modell für die Industrieländer sein, die noch sehr an ihren Wasserspülklosetts und an Kanalisationen festhalten. Solche wasserlosen Toiletten zeigen uns, dass durchaus andere Modelle denkbar sind. Sir Haringtons Erfindung der Wasserspülung im 17. Jahrhundert ebenso wie das moderne japanische *Washlet*™, sind vielleicht schon jetzt überholt. Möglicherweise gehört die Zukunft der keimfreien Aufbereitung und gefahrlosen Wiederverwertung menschlicher Ausscheidungen? Den Toiletten, die Wasser und Energie erzeugen, anstatt sie zu verbrauchen? Dafür müssten wir einfach nur neue kulturelle Gepflogenheiten durchsetzen. Dafür aber würde das Geld aller philanthropischen Milliardäre der Welt nicht reichen. Die sagenhafte Geschichte der Toiletten wird es weisen – wenn die Zeit dafür reif ist.

◀ Der *Omni Processor* der Firma Sedron Technologies (vormals Janicki Bioenergy) mit Sitz im US-Bundesstaat Washington. Die Recyclinganlage für tierischen und menschlichen Fäkalschlamm wandelt diesen in Dünger und Trinkwasser um.

Toilette in Paraguay.

GRAFISCHE KONZEPTION, LAYOUT UND BILDBEARBEITUNG

François Egret – Amulette.fr

TEXTE UND KAPITELEINLEITUNGEN

Arnaud Goumand

VORWORT

Agnès Gauzit

BILDNACHWEIS

Umschlag: © maczkus / iStock

Seiten: 3: © De Klerk / Alamy / Hemis • 4: © vasa / Alamy / Hemis • 8: © Jerónimo Alba / Alamy / Hemis • 10: © Netelo / Wikimedia • 11: © Azoor Photo / Alamy / Hemis • 12: © David Steele / Shutterstock • 13 (o.): © Carole Raddato / Wikimedia • 13 (u.): © Aleksandr Grechanyuk / Shutterstock • 14 (o.): © Camille Lambert / Fondation Royaumont • 14 (u.): © Frédéric Epaud / Fondation Royaumont • 15: © Hervé Champollion / akg-images • 16: © Roger-Viollet / Roger-Viollet • 17: © Willem van de Poll / Wikimedia • 19: © akg-images / GermaineImage / Germaine Van Parys • 21: © Images & Stories / Alamy / Hemis • 22: © Bibliothèque nationale de France • 23: © OHA 250 New Contributed Photographs Collection • 24: © Steven Lek / Wikimedia • 25 (o.): © Reeve 17642-OHA 80 Reeve Photograph Collection • 25 (u.): © Kirn Vintage Stock / Alamy / Hemis • 26: © MAMAS FB45-50-G-OHA 220.1 Museum and Medical Arts (MAMAS) Photograph Collection • 27: © StockWithMe / Shutterstock • 30: © Vespasien / CC0 • 31: © CC0 Paris Musées / Musée des Beaux-Arts de la Ville de Paris, Petit Palais • 32: © Eric Bromme • 34 (o.): © PeterDargatz / Wikimedia • 34 (u.): © Yves Lorson / Wikimedia • 35 (o.): © Stéphane Passet / Coll. Albert Kahn • 35 (u.): © Charles Marville / Public Domain • 36: © Charles Marville / Public Domain • 37 (o.): © Bibliothèque numérique de l'INHA / Bibliothèque de l'Institut National d'Histoire de l'Art / Collections Jacques Doucet • 37 (u. l.): © photocritical / Shutterstock • 37 (u. r.): © FrankBoston / Adobestock • 38: © RENAULT Philippe / hemis.fr • 39: © FALTAZI / uritrottoir.com • 40: © Albin Olsson / Wikimedia • 41 (o.): © Albin Olsson / Wikimedia • 41 (u.): © Greenpee • 42: © Satoshi Nagare courtesy of the Nippon Foundation • 43: © ZUMA Press, Inc. / Alamy / Hemis • 44: © Paul Finkel / PistonDesign • 45 (o.): © Satoshi Nagare courtesy of the Nippon Foundation • 45 (u.): © Satoshi Nagare courtesy of the Nippon Foundation • 46 (o.): © SS Co.,Ltd. Hojo Hiroko • 46 (u. l.): © Judy Gallagher / Flickr • 46 (u. r.): © Kathrin & Stefan Marks / Flickr • 47 (o.): © Sergey_Bogomyako / Shutterstock • 47 (u.): © travellight / Shutterstock • 48: © Pacific Press Media Production Corp. / Alamy / Hemis • 49: © ZUMA Press, Inc. / Alamy / Hemis • 50: © drburtoni / Flickr • 51 (o.): © ricochet64 / iStock • 51 (u.): © Adinda Zeij / Shutterstock • 52: © Jula Store / Shutterstock • 57: © Duarte Dellarole / Shutterstock • 58: © Chiko Yamaoka • 60: © imageBROKER / Alamy Stock Photo • 61 (o.): © MS Directions Photos / Shutterstock • 61 (u.): © Karol Czinege / Alamy / Hemis • 62 (o.): © De Klerk / Alamy / Hemis • 63 (u.): © fotoVoyager / iStock • 63 (o.): © Danita Delimont / Shutterstock • 64: © Dean Blotto Gray / Design Pics / GraphicObsession • 66/67 (o.): © DavorLovincic / iStock • 66 (u.): © grant-durr / Unsplash • 67 (u.): © imageBROKER / Alamy Stock Photo • 68: © maczkus / iStock • 69 (o.): © Hans-Georg Eiben/Sime / Photononstop • 69 (u.): © wallix / iStock • 70: © look / Photononstop • 71: © Mathias Beinling / Alamy Stock Photo • 72: © Terence Gallacher Collection / Mary Evans Picture Library • 73: © Julien Delaunay / Unsplah • 74 (o.): © FALTAZI / uritonnoir.com • 74 (M.): © LIV WARDLAW-Copenhagen Half Mar • 74 (u.): © Anita van den Broek / Shutterstock • 75: © Reeve 517 / OHA 80 Reeve Photograph Collection • 76: © Chad Ehlers / Alamy / Hemis • 79: © IWAN BAAN-PHOTO • 82 (l.): © akg-images / De Agostini Picture Lib. • 82 (r.): © robnaw / Adobestock • 83: © Heracles Kritikos / Shutterstock • 84: © Le Décaméron / Bibliothèque nationale de France • 86: © Mikhail Novokreshchenov / Shutterstock • 87: © Pecold / Shutterstock • 88: © Musée Carnavalet-Histoire de Paris • 89 (o.): © Dr Jean-Marie BALLIET • 89 (u.): © Jarek Fethke / Shutterstock • 90: © Public Domain / Wellcome Images • 91 (o.): © Public Domain • 91 (u.): © Public Domain / Wellcome Images • 93: © Hyacinthe Rigaud /Public Domain • 94: © Peter K Burian / Wikimedia • 95: © RIEGER Bertrand / hemis.fr • 96: © AustinTowers / Wikimedia • 97 (o. l.): © matabum / Adobestock • 97 (o. r.): © Public Domain • 97 (M. r.): © Public Domain / Wellcome Images • 97 (u.): © Heritage Image Partnership Ltd / Alamy Stock Photo • 98 (l.): © Public Domain • 98 (r.): © Crochet David : Wikimedia • 99: © Thomas Heuser • 100: © Nadar / Public Domain • 101: © TOM MORGAN/The Ronald Grant Archive / Photononstop • 102: © akg-images • 104: © Standard Sanitary / Public Domain • 105: © Jacques Boyer / Roger-Viollet • 108: © Anna JG • 109: © Charles O. Cecil / Alamy / Hemis • 110: © nypl.digitalcollections •

111 (l.): © Rainer Halama / Wikimedia • 111 (r.): © Mark Hillary / Flickr • 112 (o.): © Artoletta • 112 (u.): © Paolo_Monti-Servizio_fotografico • 113 (o.): © Zonk43 / Wikimedia • 113 (u.): © Water Throne • 114 (l.): © D. Herdemerten / Wikimedia • 114 (r.): © Chris 73 / Wikimedia • 115: © Public Domain • 116 (l.): © Muhammad Anuar bin Jamal / Shutterstock • 116 (r.): © Duravit AG • 117: © TOTO Europe GmbH • 118 (o.): © TOTO Europe GmbH • 118 (u.): © PASSENGER X / Adobestock • 119 (o.): © TOTO Europe GmbH • 119 (u.): © TOTO Europe GmbH • 120: © amy-reed / Unsplash • 121: © ZELTINI • 122 (o.): © ZELTINI • 122 (u. l.): © Spiritartist / iStock • 122 (u. r.): © DeniseBush / iStock • 123 (o. l.): © Amelia Martin / Shutterstock • 123 (o. r.): © Artemidovna / Shutterstock • 123 (u.): © Dominic Gentilcore PhD / Shutterstock • 127: © Brueghel_Google_Art_Project / Public Domain • 128: © Pierre Jean Durieu / Shutterstock • 129: © Marc Martin-Proust-aux-tasses • 130: © David James / Alamy / Hemis © Association Marcel Duchamp / Adagp, Paris 2021 • 131: © RobCorder / Flickr • 132: © Patricia F. Almeida / Stockimo / Alamy / Hemis • 134: © Courtesy of the artist and CLEARING • 135 (o.): © Courtesy of the artist and CLEARING • 135 (u.): © Courtesy of the artist and CLEARING • 136: © Nada Sehnaoui • 137: © Nada Sehnaoui • 138: © Yoshua Okon and Santiago Sierrta • 139 (o.): © Do Ho Suh • 139 (u.): © Courtesy of illma Gore • 140: © Public Domain • 141 (o.): © LANDMARK MEDIA / Alamy / Hemis • 141 (u.): © United Archives GmbH / Alamy / Hemis • 142: © Charles Marville / Public Domain • 143 (o.): © Charles Marville / Public Domain • 143 (u.): © Charles Marville / Public Domain • 144: © Haeferl / Wikimedia • 146 (o.): © BoyCatalyst / Shutterstock • 146 (u.): © tak.wing / Wikimedia • 147 (o.): © Dan Leeth / Alamy / Hemis • 147 (u.): © kim kyung-hoon / Reuters • 148 (o. l.): © Robert Filliou / M HKA • 148 (o. r.) : © John Hartung / Alamy / Hemis • 148 (u.) : © Robert Filliou / M HKA • 149: © ali caliskan / Shutterstock • 150 (o.): © Zamfir / Shutterstock • 150 (u.): © Michael Kaercher / Shutterstock • 151: © EQRoy / Shutterstock • 152: © Shubert Ciencia / Flickr • 153: © Yannick Grain © Adagp, Paris, 2021 • 156: © Charles Marville / Public Domain • 158: © Yavuz Sariyildiz / Shutterstock • 159: © Zyankarlo / Shutterstock • 160: © LightingKreative / Adobestock • 161: © vadim artyukhin / Unsplash • 162: © Michel Gunther / Mau / Biosphoto • 164: © Jolkesky / iStock • 165: © Syced / Wikimedia • 166 (o.): © Conchi Martínez / iStock • 166 (u.): © chillchill_lanla / iStock • 167: © Wkanadpon / Shutterstock • 168: © robas / iStock • 170: © fromBake / Shutterstock • 171 (o.): © frans lemmens / Alamy / Hemis • 171 (M.): © imageBROKER / Alamy Stock Photo • 171 (u.): © Phurinee Chinakathum / Shutterstock • 172: © Yassmin Photo / Shutterstock • 174: © mark stephens photography / Shutterstock • 175 (o. l.): © Colouria Media / Alamy / Hemis • 175 (o. r.): © Bonnie / Adobestock • 175 (M. l.): © Anna Jacob • 175 (M. r.): © jakebouma / Wikimedia • 175 (u.): © Radiokafka / Shutterstock • 178: © Boston Public Library • 179 (o.): © Arterra Picture Library / Alamy / Hemis • 179 (u.): © Beata Tabak / Alamy / Hemis • 180: © vasa / Alamy / Hemis • 182 (o. l.): © Mikel Bilbao Gorostiaga-travels / Alamy / Hemis • 182 (u. l.): © becseigy / Shutterstock • 182 (u. r.): © Iris Kloepper/Buchcover / Photononstop • 183 (o.): © Jose Vicente / Flickr • 183 (M. l.): © Daniele Bardino / Shutterstock • 183 (M. r.): © giannimania / iStock • 183 (u. r.): © David Stanley / Flickr • 185 (o.): © Espen Bergersen / Naturgalleriet.no • 185 (u.): © Espen Bergersen / Naturgalleriet.no • 186: © Kåre Eggesvik / moldjord.no • 188 (o.): © Lars Grimsby / Statens vegvesen • 188 (u.): © Werner Harstad / Statens vegvesen • 189 (o.): © Per Ritzler / Statens vegvesen • 189 (u. l.): © Lars Grimsby / Statens vegvesen • 189 (u. r.): © Espen Bergersen / Naturgalleriet.no • 190 (l.): © S.J. de Waard / Wikimedia • 190 (r.): © Lourens Smak / Alamy / Hemis • 191: © Worldpics / Shutterstock • 192 (l.): © Andrew Hasson / Alamy / Hemis • 192 (r.): © Archivist / Adobestock • 193 (o.): © CurrywurstmitPommes / Shutterstock • 193 (u.): © Tane Casserley / NOAA • 194 (o.): © Mark Garcia / Nasa • 194 (u. l.): © Nasa • 194 (u. r.): © Nasa • 195: © Pesquet / insta • 196: © Trone Paris • 197 (l.): © Ewan Munro / Flickr • 197 (r.): © Ewan Munro / Flickr • 198: © Aurora / hemis.fr • 200 (o.): © cacadvisor • 200 (u.): © Jared Goralnick / Flickr • 201 (o.): © Darrell Godliman • 201 (u.): © Trone Paris • 202: © agf / foto / Photononstop • 203: © dpa picture alliance archive / Alamy / Hemis • 204: © JOHN KELLERMAN / Alamy / Hemis • 208: © Kutoid / Wikimedia • 209: © WTO • 210: © zhangjin_net / Shutterstock • 211 (o. l.): © World Economic Forum / Flickr • 211 (o. r.): © Bill Gates Twitter • 211 (u. r.): © Musphot / Wikimedia • 212 (o.): © Ashley Wheaton-SuSanA • 212 (u.): © Ashley Wheaton / SuSanA • 213: © Tommy E Trenchard / Alamy / Hemis • 214: © M/s Sara Plast Private Limited • 215 (o.): © SOIL / SuSanA • 215 (M.): © Ricardo Venegas / SuSanA • 215 (u.): © anthony asael / Alamy / Hemis • 216: © WaterAid • 217: © Anne-Marie Palmer / Alamy / Hemis • 218: © Patrick Zimmerer / Flickr • 219: © Brenda Thomas courtesy Janicki Bioenergy • 220: © Florian Kopp/Westend61 / Photononstop

DER HERAUSGEBER DANKT:
Den Künstlern, die ihre Werke freundlicherweise mit uns teilten; den genialen Erfindern und Designern, die ihre Passion so ansteckend zu vermitteln wissen; der Prinzessin von der Pfalz, deren unprinzessinnenhafte Zeilen uns sehr erheiterten; all denen, für die das Thema Toiletten eine Selbstverständlichkeit ist, das wir nicht tabuisieren müssen und das die intensive Arbeit des Autors wohl verdient hat; und schließlich den Angehörigen und Freunden, die unsere „thematisch einseitige" Begeisterung während der Ausarbeitung dieses schönen Buchs viele Monate lang ertrugen.

DER AUTOR DANKT:
Seinen Eltern, die ihm an einem 19. November das Leben schenkten, und den Vereinten Nationen, die dieses Datum zum Welttoilettentag erklärten. Seiner Verlegerin Agnès Gauzit, in der die Idee zu diesem Thema aufkeimte und die mit sachkundigen Vorschlägen, Recherchen und Durchsichten die Entstehung des Buchs möglich machte; Charlotte Thomas, die wochenlang nach fotografischen Raritäten Ausschau hielt und fündig wurde, um dieses Werk zu bebildern. Marc Martin, dessen bemerkenswerte Arbeit ihm eine große Inspirationsquelle war und der freundlicherweise einige seiner Kreationen zur Illustrierung des Werks zur Verfügung stellte. Jean-Luc, der sich unfreiwillig viele Monate lang über „Toiletten" unterhalten musste.

Aus dem Französischen übersetzt von Dagmar Brenneisen, Speyer

Titel der Originalausgabe: „Toilettes, un monde fabuleux",
erschienen bei Lapérouse Editions, Frankreich, Texte von Arnaud Goumand,
ISBN: 978-2-38182-011-8

Umschlaggestaltung von Gramisci Editorialdesign, Claudia Geffert, München
unter Verwendung folgender Abbildungen:
Vorderseite: © maczkus / iStock
Rückseite: © Jolkesky / iStock

Unser gesamtes lieferbares Programm und viele weitere Informationen zu unseren Büchern, Spielen, Experimentierkästen, DVDs, Autoren und Aktivitäten finden Sie unter kosmos.de.

FSC
www.fsc.org
MIX
Papier | Fördert gute Waldnutzung
FSC® C004592

Gedruckt auf chlorfrei gebleichtem Papier

Für die deutschsprachige Ausgabe:
©2023, Franckh-Kosmos Verlags-GmbH & Co. KG,
Pfizerstraße 5 – 7, 70184 Stuttgart

ISBN 978-3-440-17736-5
Projektleitung und Redaktion: Carolin Kugel
Lektorat: Beatrice Weber, Ostfildern
Satz: Dagmar Brenneisen, Speyer
Produktion: Vanessa Frömmig
Druck und Bindung: FIRMENGRUPPE APPL, aprinta druck, Wemding
Printed in Germany